Peace of Mind
BIBLE
WORD SEARCH

WORDS OF COMFORT

LINDA PETERS

Good Books

New York, New York

Good Books books may be purchased in bulk at special discounts for sales promotion, corporate gifts, fund-raising, or educational purposes. Special editions can also be created to specifications. For details, contact the Special Sales Department, Good Books, 307 West 36th Street, 11th Floor, New York, NY 10018 or info@skyhorsepublishing.com.

Good Books is an imprint of Skyhorse Publishing, Inc.®, a Delaware corporation.

Visit our website at www.goodbooks.com.

10 9 8 7 6 5 4 3 2 1

Library of Congress Cataloging-in-Publication Data is available on file.

Cover design by Joanna Williams
Cover image used under license from Shutterstock.com

Print ISBN: 978-1-68099-698-2

Printed in China

All scripture quotations are taken from the following sources:

The Holy Bible, New International Version®, NIV®. Copyright © 1973, 1978, 1984, 2011 by Biblica, Inc.™ Used by permission of Zondervan. All rights reserved worldwide. www.zondervan.com. The "NIV" and "New International Version" are trademarks registered in the United States Patent and Trademark Office by Biblica, Inc.™

The ESV® Bible (The Holy Bible, English Standard Version®), copyright © 2001 by Crossway, a publishing ministry of Good News Publishers. Used by permission. All rights reserved.

The New American Standard Bible® (NASB), Copyright © 1960, 1962, 1963, 1968, 1971, 1972, 1973, 1975, 1977, 1995 by The Lockman Foundation. Used by permission. www.Lockman.org

New Revised Standard Version Bible, copyright 1989, Division of Christian Education of the National Council of the Churches of Christ in the United States of America. Used by permission. All rights reserved.

Holy Bible, New Living Translation, copyright © 1996, 2004, 2015 by Tyndale House Foundation. Used by permission of Tyndale House Publishers, Inc., Carol Stream, Illinois 60188. All rights reserved.

The Holy Bible, King James Version. New York: American Bible Society: 1999; Bartleby.com, 2000.

Genesis 9:15b-16

```
C A E Q R P W R F L O O D
L G Q R B A E T E R N A L
O A Q N U M I L T D G R B
U I D V E T N N E D N R R
D N N M G H A S B D T V Z
S N B E Y N T E Y O D D W
Z E E E E R I R R D W R Q
R Z F V O W E V A C G T M
N I O Y E Y T V I E Q L Y
L C Y J R R T E E L G O D
P D M G G W L P B Y W M G
```

Never again will the floodwaters destroy all life. When I see the rainbow in the clouds, I will remember the eternal covenant between God and every living creature on earth.

NEVER	ETERNAL
AGAIN	COVENANT
FLOOD	BETWEEN
DESTROY	GOD
LIFE	EVERY
RAINBOW	LIVING
CLOUDS	CREATURE
REMEMBER	EARTH

Genesis 28:15

```
P E E K K L B W Q L
K R Y D E C H N X L
N T O A N E A G J Q
O W V M R A N B X M
W E I E I L H L Y
Z H V L R S T N O T
J E A B L I E N O D
R Q Q T W V L D K W
```

Know that I am with you and will keep you wherever you go, and will bring you back to this land; for I will not leave you until I have done what I have promised you.

KNOW	WILL
WITH	NOT
KEEP	LEAVE
WHEREVER	DONE
BRING	WHAT
BACK	PROMISED
LAND	

Exodus 14:13a, 14

```
D E L I V E R A N C E
H S I L P M O C C A R
Y B A E G S Y E J F Z
T A E F E S L L I B X
S K D S R P T G N D M
F T O O O A H A R O L
I M I E T T I O N E M
R Y P L M M L D E D V
M Q N B L Q D S N V D
```

But Moses said to the people, "Do not be afraid, stand firm, and see the deliverance that the Lord will accomplish for you today. The Lord will fight for you, and you have only to keep still."

MOSES	LORD
PEOPLE	ACCOMPLISH
AFRAID	TODAY
STAND	FIGHT
FIRM	ONLY
SEE	KEEP
DELIVERANCE	STILL

Exodus 15:2

```
S A L V A T I O N Q P
H P L J G T R T R Q P
B T R R W O H L L I W
E Q G A E G D Q N T Q
C E D N I H K M D Q Q
O X R M E S T L J Y T
M A O Y I R E A H L M
E L L H Z M T I F Z Y
M T T R W X M S R Q L
```

The <u>Lord</u> is my <u>strength</u> and my <u>might</u>, and he has <u>become</u> my <u>salvation</u>; <u>this</u> is my <u>God</u>, and I <u>will</u> <u>praise</u> him, my <u>father</u>'s God, and I will <u>exalt</u> <u>him</u>.

LORD   GOD
STRENGTH   WILL
MIGHT   PRAISE
BECOME   FATHER
SALVATION   EXALT
THIS   HIM

Exodus 15:11, 13

```
D M P Q T D R S S B D Z
E D A K J P P T A J N R
M R D J E L E W S L H P
E O M O E A E S Q T D T
E L P N D S E M G E W M
D L D F O N T N D O R N
E O A M I H E I N D S L
R S E L O R U D C D W V
T J O L T G E D O B A K
J H Y S P R M G E V O L
R Z W N S B Q R M J M Z
```

Who is like you, O <u>Lord</u>, among the
  <u>gods</u>?
Who is like you, <u>majestic</u> in <u>holiness</u>,
<u>awesome</u> in <u>splendor</u>, doing <u>wonders</u>?
In your <u>steadfast</u> <u>love</u> you led the <u>people</u>
  whom you <u>redeemed</u>;
you <u>guided</u> them by your <u>strength</u> to
  your <u>holy</u> <u>abode</u>.

LORD
GODS
MAJESTIC
HOLINESS
AWESOME
SPLENDOR
WONDERS
STEADFAST

LOVE
PEOPLE
REDEEMED
GUIDED
STRENGTH
HOLY
ABODE

Numbers 6:24-26

```
S P R O T E C T P D
T U B L E S S Y R T
P R O V A F A E J B
L E W I W M L S I H
O M A O C I R G W T
R U H C M A I W P Y
D S O S E V R R Z N
R X K Y E W R G J W
```

"May the <u>Lord</u> <u>bless</u> <u>you</u>
and <u>protect</u> you.
May the Lord <u>smile</u> on you
and be <u>gracious</u> to you.
May the Lord <u>show</u> you <u>his</u> <u>favor</u>
and <u>give</u> you his <u>peace</u>."

MAY	GRACIOUS
LORD	SHOW
BLESS	HIS
YOU	FAVOR
PROTECT	GIVE
SMILE	PEACE

Deuteronomy 7:9

```
C Q T L O R D G M E R G
J O T H R U O Y R K E Q
B Q M X O D N O P N L Q
Q S P M S S F X E N B D
T R T P A E E R N L P D
B N E E R N A L U L N T
L E A E A T D F D A J Q
K M H N I D H M S T E T
W T G O E T F U E V J V
O L N B I V O A O N Y V
N S Y A D H O L S N T N
K V F K T Y Y C Q T P S
```

Know *therefore* that the *Lord* *your* *God* is God, the *faithful* God who *keeps* *covenant* and *steadfast* *love* with *those* who love him and keep his *commandments*, to a *thousand* *generations*.

KNOW	COVENANT
THEREFORE	STEADFAST
LORD	LOVE
YOUR	THOSE
GOD	COMMANDMENTS
FAITHFUL	THOUSAND
KEEPS	GENERATIONS

Deuteronomy 31:6

```
E C N A Q J L X S G M M
K W O X F N V T Y R N J
A D G U V R R N E V E R
S N E Q R O A V D O G N
R K N I N A A I B N M Z
O K L G F E G E D H J G
F Y G O L I C E T X Z R
J X O Y R A R I O X L W
M Y E U U D W R R U Y R
T B S S R J X M E L S D
L V E Q R R Q B B T B B
```

Be strong and courageous. Do not be afraid or terrified because of them, for the Lord your God goes with you; he will never leave you nor forsake you.

STRONG	GOD
COURAGEOUS	GOES
AFRAID	WITH
TERRIFIED	NEVER
BECAUSE	LEAVE
LORD	FORSAKE
YOUR	

Deuteronomy 32:3-4

```
L V P G T R W P Z G R Y
M U R E M I R O R L T V
U T F G R O E E R E D Q
L P W H C F A C B K T R
O N R L T T E I E M A N
R K A I N I R C S D Z L
D I C E G C A Y T J R J
M J S O S H A F U G Y Q
T S M A R W T S O Z B L
Y Y B I R R T D L L M L
```

For I will <u>proclaim</u> the <u>name</u> of the <u>Lord</u>;
<u>ascribe</u> <u>greatness</u> to our <u>God</u>!
The <u>Rock</u>, his <u>work</u> is <u>perfect</u>,
and all his <u>ways</u> are <u>just</u>.
A <u>faithful</u> God, without <u>deceit</u>,
<u>just</u> and <u>upright</u> is he.

PROCLAIM	WORK
NAME	PERFECT
LORD	WAYS
ASCRIBE	JUST
GREATNESS	FAITHFUL
GOD	DECEIT
ROCK	UPRIGHT

Joshua 1:9-10

```
D I S C O U R A G E D M
Y Z G O G Y G L Y C R P
K O Y M N D O R O R X N
D R L M I R U U E Z J Z
B X T A D O R V L D J L
X M R N Y A E P L R N K
X F Z D G R G N O R T S
A X T E E W G V N J N V
J R O H I M Q O W D X W
J U W T I L L M N D P Z
S P H D R S Z L V Y L Q
```

This is my *command*—be *strong* and *courageous*! Do not be *afraid* or *discouraged*. For the *Lord* *your* *God* is *with* you *wherever* you *go*.

THIS	LORD
COMMAND	YOUR
STRONG	GOD
COURAGEOUS	WITH
AFRAID	WHEREVER
DISCOURAGED	GO

2 Samuel 22:3-4

```
R M V Q Q S L B G R X T D Y
D L L X Y A N G D T Z E H B
T E L L Q L L G Y H S T L L
L O V A Y V M Q G I R E Q H
M O W A C A G I A O N D O M
R J R E S T H R W E L R B J
T S G D R I P R M E N N M T
R N A R W O Y I I Z Y D M G
Z E Q V M N E H T R U S T T
M L F J I S S Y R K G R V N
W L L U D O G R O K V Z Z R
N P M N G Q U M C P B Q V G
J Z V N W E B R K W Y L M W
```

The <u>God</u> of my <u>rock</u>; in him will I <u>trust</u>: he is my <u>shield</u>, and the <u>horn</u> of my <u>salvation</u>, my <u>high</u> <u>tower</u>, and my <u>refuge</u>, my <u>saviour</u>; thou savest me from violence. I will <u>call</u> on the <u>Lord</u>, who is <u>worthy</u> to be <u>praised</u>: so shall I be <u>saved</u> from mine <u>enemies</u>.

GOD	REFUGE
ROCK	SAVIOUR
TRUST	CALL
SHIELD	LORD
HORN	WORTHY
SALVATION	PRAISED
HIGH	SAVED
TOWER	ENEMIES

2 Samuel 22:19-20

```
Q D P Y T L Y V N M D D
L N T Y T I M A L A C D
W J G W T B X D D X E V
D E L I V E R E D T D R
C B T M M D B O H L T X
N A E D D T B G U B T T
L Z M C J R I R P G L X
Q T T E A L O L O D H M
U U R B E U A L Y A N T
P O Z D B C S A B T D V
O R Y Z E R T E L T R Z
N T J Q K S G M V L Y L
```

They <u>came</u> <u>upon</u> me in the <u>day</u> of my
<u>calamity</u>,
but the <u>Lord</u> was my <u>stay</u>.
He <u>brought</u> me <u>out</u> into a <u>broad</u> place;
he <u>delivered</u> me, <u>because</u> he <u>delighted</u>
in me.

CAME	OUT
UPON	BROAD
DAY	PLACE
CALAMITY	DELIVERED
LORD	BECAUSE
STAY	DELIGHTED
BROUGHT	

Job 5:10-11

```
E A R T H X Q X Y S
Z D S D L E I F E M
Y L O W L Y D N O S
G T L Z Y E D U R M
I M E N T S R E R N
V H N F Z N T L S R
E K I P A A R E M N
S L A G W S T P P Y
Z Q R R H S L R Q D
```

He *gives* *rain* on the *earth*
and *sends* *waters* on the *fields*;
he *sets* on *high* those who are *lowly*,
and those who *mourn* are *lifted* to *safety*.

GIVES	SETS
RAIN	HIGH
EARTH	LOWLY
SENDS	MOURN
WATERS	LIFTED
FIELDS	SAFETY

Psalm 3:3-5

```
L O R D A E H Y B S
H I L L Y M M W N L
S R E W S N A I I A
D A B N C K A F G N
L Q R R E T T A T Y
E D Y O S S I E R P
I Y U U N L O I L
H L S O P N L E Y L
S O K R L G D N E J
P H B Y R A W G Q P
```

But you, O _Lord_, are a _shield_ _around_ me,
my _glory_, and the one who _lifts_ up my
   head.
I _cry_ _aloud_ to the Lord,
and he _answers_ me from his _holy_ _hill_.
   Selah
I _lie_ down and _sleep_;
I _wake_ _again_, for the Lord _sustains_ me.

LORD	ANSWERS
SHIELD	HOLY
AROUND	HILL
GLORY	LIE
LIFTS	SLEEP
HEAD	WAKE
CRY	AGAIN
ALOUD	SUSTAINS

Psalm 4:7-8

```
W Y S T S E V R A H D W
I D J D B A R L P L K B
N W O R R E F E I A M D
E E Y W T O E E B B V L
P N N A N L L U N P B Q
R E E I S P N G I V E N
N R A D A D K E E P D L
G B L C A R E N O L A M
D J X N E B G L D R Y J
D Y T M K T J X J Y Z Q
```

You have <u>given</u> me <u>greater</u> <u>joy</u>
than those who have <u>abundant</u> <u>harvests</u>
  of <u>grain</u> and <u>new</u> <u>wine</u>.
In <u>peace</u> I will <u>lie</u> <u>down</u> and <u>sleep</u>,
for you <u>alone</u>, O <u>Lord</u>, will <u>keep</u> me <u>safe</u>.

GIVEN	PEACE
GREATER	LIE
JOY	DOWN
ABUNDANT	SLEEP
HARVESTS	ALONE
GRAIN	LORD
NEW	KEEP
WINE	SAFE

Psalm 9:9-10

```
N T K L K D J X D D E Z E
E Q R N T D Z T N L M M T
K D O Y N T Z L B S A G N
A W E S J R U O N E X K
S K J S T R O U L R D E L
R K N P S R E J S Y D Z K
O K B L T E O G X T R Y Z
F N N L Z V R N U B M G Y
G Q K E Y W S P G F P L G
Y O U R V X T E P H E Q K
M Z N W D E V J M O O R T
L Z T V T Y R W X I L L W
D X N D T X Z M B Y T L D
```

The Lord is a refuge for the oppressed,
a stronghold in times of trouble.
Those who know your name trust in you,
for you, Lord, have never forsaken those
who seek you.

LORD	YOUR
REFUGE	NAME
OPPRESSED	TRUST
STRONGHOLD	NEVER
TIMES	FORSAKEN
TROUBLE	SEEK
KNOW	

Psalm 16:9-11

```
G H J P D V L J X S R
N R O O Z W Q Q E Q X
I J E L Y N J R N K X
T M B V Y T U T V V T
N E C N E S E R P H M
A Z Y G A R E F E B S
R V L E G J O A A T D
G A L R O L R F S S K
D P A I I T N E O T B
M V C F Z M R U P Q K
E E E M Z M L W K X Z
```

No wonder my _heart_ is _glad_, and
   I _rejoice_.
My body _rests_ in _safety_.
For you will not leave my _soul_ among
   the dead
or allow your _holy_ one to rot in the _grave_.
You will show me the way of _life_,
granting me the _joy_ of your _presence_
and the _pleasures_ of living with you
   forever.

HEART	GRAVE
GLAD	LIFE
REJOICE	GRANTING
RESTS	JOY
SAFETY	PRESENCE
SOUL	PLEASURES
HOLY	FOREVER

Psalm 17:6-7

```
G N I Y A R P B U P B M K
N L L W M T R N R E W O P
Y D O U Y E F M I G H T Y
K H G L F A R R N T P J N
S O O U I R Y E L Q T M L
D V G L E S E N W B D W Y
E E I J N R T D L S Z D X
P N J K E B T E N Z N B N
G K M S M L E T N O M A B
N W C L I T L N P V W R R
V U X B E X B M D K M W M
E V Y Y S L N M P D N M L
```

I am _praying_ to you because I know you
  will _answer_, O _God_.
Bend down and _listen_ as I pray.
Show me your _unfailing_ love in _wonderful_
  ways.
By your _mighty_ power you _rescue_
those who seek _refuge_ from their
  enemies.

PRAYING	LOVE
ANSWER	WONDERFUL
GOD	MIGHTY
BEND	POWER
LISTEN	RESCUE
SHOW	REFUGE
UNFAILING	ENEMIES

Psalm 18:1-3

```
D B T Y G G V N E S I A R P
L N L X T V Q X S Q Y N J D
F O R T R E S S J A R R M Z
W Z H Y R D G R Z Y V E R Y
N O I T C E T O R P N I H Q
Y K T E G R L Q D E N T O D
V T V F Q N D S M E R J W R
V O G A K X E I H O L T J Z
L Q D S P C E R W I R L G V
D W Z L S S O M T E E R A D
K D A E N Q Y R W S Q L R C
T C V T M X D O R L X O D P
E A B D N V P N Z W L D L L
S T N B Z M Y J B B Z T V M
```

I *love* *you,* *Lord;*
you are my *strength*.
The Lord is my *rock*, *my* *fortress*, *and*
    my *savior*;
my God is my rock, in whom I find
    protection.
He is my *shield*, *the* *power* *that* *saves* *me,*
and my *place* *of* *safety*.
I *called* *on the Lord, who is* *worthy* *of*
    praise,
and he saved me from my *enemies*.

LOVE	POWER
LORD	SAVES
STRENGTH	PLACE
ROCK	SAFETY
FORTRESS	CALLED
SAVIOR	WORTHY
PROTECTION	PRAISE
SHIELD	ENEMIES

Psalm 23:1-4

```
S T A F F B X R N N L M W
R I G H T E O U S N E S S
E D P L E A D E T H W W N
S R C A N R D S D W A L K
T E O E S O Y R H T B S R
O H M D R T O L E T O Y M
R P F I V L U R L U A X K
E E O S X A S R L I W P M
T H R E B L L D E T T Q P
H S T B N L Y L J S D S Y
G T R D K W R L E B Y Y T
M R D J Q T K M J Y L W R
```

The <u>Lord</u> is my <u>shepherd</u>; I shall not want.
He maketh me to lie down in green
   <u>pastures</u>:
he <u>leadeth</u> me <u>beside</u> the <u>still</u> <u>waters</u>.
He <u>restoreth</u> my <u>soul</u>:
he leadeth me in the <u>paths</u> of
   <u>righteousness</u>
for his name's sake.
Yea, though I <u>walk</u> through the <u>valley</u> of
   the shadow of death,
I will fear no evil: for thou art with me;
thy <u>rod</u> and thy <u>staff</u> they <u>comfort</u> me.

LORD	SOUL
SHEPHERD	PATHS
PASTURES	RIGHTEOUSNESS
LEADETH	WALK
BESIDE	VALLEY
STILL	ROD
WATERS	STAFF
RESTORETH	COMFORT

Psalm 27:1-3

```
D  I  A  R  F  A  M  E  T  P
Q  N  Y  S  T  N  L  O  R  D
D  M  O  H  H  B  Y  O  R  S
G  A  G  I  M  O  T  L  S  F
V  I  N  E  T  E  U  E  J  L
L  Y  R  G  C  A  R  L  O  P
K  T  Y  T  E  T  V  R  D  B
D  H  I  Y  R  R  D  L  Y  K
W  N  R  O  Q  Q  J  N  A  R
G  Z  F  M  D  N  N  N  Y  S
```

*The <u>Lord</u> is <u>my</u> <u>light</u> and my <u>salvation</u>—
so <u>why</u> <u>should</u> I be <u>afraid</u>?
The Lord is my <u>fortress</u>, <u>protecting</u> me
   <u>from</u> <u>danger</u>,
so why should I <u>tremble</u>?*

LORD	AFRAID
MY	FORTRESS
LIGHT	PROTECTING
SALVATION	FROM
WHY	DANGER
SHOULD	TREMBLE

Psalm 27:13-14

```
Q Q M K Y E Y T W L R N
Y D R O L V G H E A R T
Z Z X T P E D A L Z I J
L Q B J Z I Q M R G L T
E I Y Q G L T K O U G T
Y E V D M E L O L N O R
D W S I D B D L O Y V C
N T E N N N R A D Y C R
A R Z K E G T L L H Q B
L W K S A S T R Y V S Z
L W S L Z T T X W D Q T
```

I believe that I shall see the goodness of
the Lord
in the land of the living.
Wait for the Lord;
be strong, and let your heart take
courage;
wait for the Lord!

BELIEVE	LIVING
SHALL	WAIT
SEE	STRONG
GOODNESS	HEART
LORD	TAKE
LAND	COURAGE

Psalm 28:8-9

```
P E G U F E R S L W Y G
D E T T T T N P R B L
S E O R W M H R J X K
D S T P E N E A B S S T
L X E N L R C B H A R M
B O G L I E Q E V E W L
Y T R T B O P I V Y R R
H J A D R H N E S A V E
J G K Y E G R A T P Z L
E G X R Y O Y W K Z D N
Z L D P F N J J M Z K D
```

The <u>Lord</u> is the <u>strength</u> of his <u>people</u>,
he is the <u>saving</u> <u>refuge</u> of his <u>anointed</u>.
O <u>save</u> your people, and <u>bless</u> your
  <u>heritage</u>;
be their <u>shepherd</u>, and <u>carry</u> them
  <u>forever</u>.

LORD	SAVE
STRENGTH	BLESS
PEOPLE	HERITAGE
SAVING	SHEPHERD
REFUGE	CARRY
ANOINTED	FOREVER

Psalm 31:19

```
G G P R O T E C T I O N G
N W N E A T P S W O R L D
I S M I H E S L A V I S H
H O T O S E F E V A H M B
C Y S O N S R Y G P K N J
T E Y D R O E R Q L B D Y
A V O H F E E L W N Y R M
W O O E R A D P B D L N J
G W B J T Y Z N Z L W L B
```

How How great is the goodness you have stored up for those who fear you.
You lavish it on those who come to you for protection, blessing them before the watching world.

HOW	LAVISH
GREAT	COME
GOODNESS	PROTECTION
HAVE	BLESSING
STORED	BEFORE
THOSE	WATCHING
FEAR	WORLD

Psalm 33:10-11

```
F O R E V E R P A Y K Q
I R R Z D V T M B L J P
N N U G N D Y S N A L P
T A D S A B B D T N R M
E T S Y T T N Y R T X D
N I G C S R N E H O M T
T O N W H E A W V R L T
I N Y R K E A T I E R M
O S L A M R M F E G R N
N N H P T L T E M S Z B
S S V S T M L R S Q Y K
```

The <u>Lord</u> <u>frustrates</u> the <u>plans</u> of
the <u>nations</u>
and <u>thwarts</u> <u>all</u> their <u>schemes</u>.
But the Lord's plans <u>stand</u> <u>firm</u> <u>forever</u>;
his <u>intentions</u> can <u>never</u> be <u>shaken</u>.

LORD
FRUSTRATES
PLANS
NATIONS
THWARTS
ALL
SCHEMES

STAND
FIRM
FOREVER
INTENTIONS
NEVER
SHAKEN

Psalm 34:17-18

```
T D M B O Z L C Z S T D
R E G L N U R W U G B D
O H N Q O Y T O D N Y Z
U S Y E S R E V I L E D
B U X T K T D T L S Q L
L R W S H O I A E B L R
E C R G R R R V B T L D
S G I A I A A B N J V Y
J R E P D S E T Q V Y D
N N S X B L Y H T W M V
```

The <u>righteous</u> <u>cry</u>, and the <u>Lord</u> <u>hears</u>
And <u>delivers</u> them <u>out</u> of <u>all</u> their
*   <u>troubles</u>.*
The Lord is <u>near</u> to the <u>brokenhearted</u>
And <u>saves</u> those who are <u>crushed</u>
*   in <u>spirit</u>.*

RIGHTEOUS	TROUBLES
CRY	NEAR
LORD	BROKEN
HEARS	SAVES
DELIVERS	CRUSHED
OUT	SPIRIT
ALL	

Psalm 37:10-11

```
Y K I N H E R I T V
E T F O U N D G D W
X L I B P K E E M L
G E T R R E K T W T
L Y N T E C A H D E
K A N J I P I C R T
Z O N W O L S O E J
R L O D E Y M O K L
Y N W L J R L M R J
D W D J M L M D K P
```

*A little while, and the wicked will be
no more;
though you look for them, they will not
be found.
But the meek will inherit the land
and enjoy peace and prosperity.*

LITTLE
WHILE
WICKED
MORE
LOOK
FOUND

MEEK
INHERIT
LAND
ENJOY
PEACE
PROSPERITY

Psalm 46:1-3

```
S N Y Y W V M Z F Y L N
N R L J B D J E N G J D
I M O U N T A I N S R T
A D E A W R V I J B K T
T H L P R A G Q U A K E
N T B B R R T L L A F W
U G U F U E G E R V Q D
O N O S O D S E R H Q K
M E R L O A F E T S H L
R R T G M U M R N E Y T
P T L J G R A Y L T K D
N S P E T E M P Q L X Q
```

God is our refuge and strength,
an ever-present help in trouble.
Therefore we will not fear, though the
    earth give way
and the mountains fall into the heart of
    the sea,
though its waters roar and foam
and the mountains quake with their
    surging.

GOD	MOUNTAINS
REFUGE	FALL
STRENGTH	WATERS
PRESENT	ROAR
HELP	FOAM
TROUBLE	MOUNTAINS
FEAR	QUAKE
EARTH	SURGING

Psalm 46:10-11

```
A D L L I T S J F
L E N X E L K O D
M T Y A O A R M A
I L B R T T R M Y
G A D O R I O T W
H X H E C N O O H
T E S T G A N N D
Y S Q M I K J O S
T L M D R W G G Y
```

He says, "Be _still_, and _know_ that
   I am _God_;
I will be _exalted_ _among_ the _nations_,
I will be exalted in the _earth_."
The _Lord_ _Almighty_ is _with_ us;
the God of _Jacob_ is our _fortress_.

STILL
KNOW
GOD
EXALTED
AMONG
NATIONS

EARTH
LORD
ALMIGHTY
WITH
JACOB
FORTRESS

Psalm 55:22

```
B U R D E N S L J
J F L D X R L J P
N P A L M I A I D
B P Y L W Z L C K
D V E L L S K J M
E R Y R D E Y M Z
K N O K M O V J D
A L N L U I G I R
T M T R R M T L G
```

Give your burdens to the Lord,
and he will take care of you.
He will not permit the godly to slip
and fall.

GIVE	CARE
YOUR	PERMIT
BURDENS	GODLY
LORD	SLIP
WILL	FALL
TAKE	

Psalm 56:3-4

```
S  Q  D  D  E  T  R  W  R
T  L  B  R  S  R  H  M  R
D  Q  A  U  O  E  E  E  R
I  W  R  T  N  W  S  M  M
A  T  H  L  R  I  K  T  X
R  D  T  O  A  O  P  U  T
F  J  O  R  S  B  M  T  V
A  K  P  G  Y  E  Y  N  Y
```

When I am afraid, I put my trust in you.
In God, whose word I praise—
in God I trust and am not afraid.
What can mere mortals do to me?

WHEN	WHOSE
AFRAID	WORD
PUT	PRAISE
TRUST	MERE
GOD	MORTALS

Psalm 57:1

```
G S R J M P N B L X
M N H B M Q B D N V
E S I A R W I N G S
R M D Y D E M G N K
C R L N O O F K O S
I O Y L U R W U O D
F T T N I S T U G P
U S T A S W L S Q E
L I X A K L Z P E X
L Q P J M E Y K Y D
```

Be <u>merciful</u> to me, O <u>God</u>, be merciful
   to me,
for in you my <u>soul</u> takes <u>refuge</u>;
in the <u>shadow</u> of your <u>wings</u> I <u>will</u>
   <u>take</u> refuge,
<u>until</u> the <u>destroying</u> <u>storms</u> <u>pass</u> by.

MERCIFUL   WILL
GOD   TAKE
SOUL   UNTIL
REFUGE   DESTROYING
SHADOW   STORMS
WINGS   PASS

Psalm 59:16-17

```
E E P E C A L P J G O D
G G V O M R L L Y O D G
U S N O W Q T G N I Y Z
F A V I L E N L S B T R
E F X K L I R T P Z T Z
R E S P N I R R N K N L
D T H R N E A X N M X J
D Y O V S I D F J N G D
Y M W S S N B R N N L Y
M Q S E T M P R I U B Z
G M S D T J Y S P N B B
```

But as for me, I will <u>sing</u> about your
   <u>power</u>.
Each <u>morning</u> I will sing with <u>joy</u> about
   your <u>unfailing</u> <u>love</u>.
For you have been my <u>refuge</u>,
a <u>place</u> of <u>safety</u> when I am in <u>distress</u>.
O my Strength, to you I sing <u>praises</u>,
for you, O <u>God</u>, are my refuge,
the God who <u>shows</u> me unfailing love.

SING
POWER
MORNING
JOY
UNFAILING
LOVE
REFUGE

PLACE
SAFETY
DISTRESS
PRAISES
GOD
SHOWS

Psalm 62:1-2

```
S F N E K A H S E
I A O K C O R N T
L N L R Z O O X W
E L A V T L M A D
N S U L A R I E N
C E H O O T E N S
E H V A S N I S G
W T I E L B E O S
W Q N M R L D K N
```

For <u>God</u> <u>alone</u> my <u>soul</u> <u>waits</u> in <u>silence</u>;
from him <u>comes</u> my <u>salvation</u>.
He <u>alone</u> is my <u>rock</u> and my salvation,
my <u>fortress</u>; I shall <u>never</u> be <u>shaken</u>.

GOD	ALONE
ALONE	ROCK
SOUL	FORTRESS
WAITS	SHALL
SILENCE	NEVER
COMES	SHAKEN
SALVATION	

Psalm 65:5

```
D S A N S W E R S E A S
E D A R X L D N L J J Z
L O L L X N N E T B X K
I G L B V M T N E T Z J
V B Y L N A T B S D A Q
E J B W L M T E D W S D
R Z Q Z W E H I E T B G
A D D J A T E S O M L Y
N V Q R R L O P D N Y T
C B T A Z M L L O N B L
E H F Z E Q Q V Y H E T
```

By <u>awesome</u> <u>deeds</u> you <u>answer</u> us
    with <u>deliverance</u>,
O <u>God</u> of our <u>salvation</u>;
you are the <u>hope</u> of all the <u>ends</u> of
    the <u>earth</u>
and of the <u>farthest</u> seas.

AWESOME	HOPE
DEEDS	ENDS
ANSWER	EARTH
DELIVERANCE	FARTHEST
GOD	SEAS
SALVATION	

Psalm 68:19-20

```
S E W D B U R D E N S Z
G O S N Y L R O I V A S
D O V I S C O M E S J L
S B D E A R P R K B L Y
H E K Z R R A B D E L M
T Z V Y D E P E S Y N T
A V Y A Q R I C B W W P
E B I W S Z A G B Z J M
D L Q X D P L V N Q L L
Y R P Q E Y J Q D L R Z
```

Praise be to the *Lord*, to *God* our *Savior*,
who *daily* *bears* our *burdens*.
*Our God is a God who *saves*;
from the *Sovereign* Lord *comes* *escape*
   from *death*.*

PRAISE	BURDENS
LORD	SAVES
GOD	SOVEREIGN
SAVIOR	COMES
DAILY	ESCAPE
BEARS	DEATH

Psalm 71:5-6

```
D Y P A L O N E L M
E O Q R R E P O H Q
T B O Q A E L O R D
S A Y H H I D Y N T
U H L T D R S N M J
R T R W E L C I O P
T I P H A A I N N W
B W T B R Y E H O G
Y O D E V E S M C J
M M D Y B Y B N B J
```

O _Lord,_ you _alone_ are my _hope._
I've _trusted_ you, O Lord, from _childhood._
Yes, you have _been_ _with_ me from _birth;_
from my _mother's_ _womb_ you have _cared_
  for me.
No _wonder_ I am _always_ _praising_ you!

LORD	BIRTH
ALONE	MOTHER
HOPE	WOMB
TRUSTED	CARED
CHILDHOOD	WONDER
BEEN	ALWAYS
WITH	PRAISING

Psalm 71:20-21

```
S I N C R E A S E S
E A M T T R R B E D
L G A T R E O I Q R
B A D D V O T N E J
U I E I D I F A O R
O N V T M E R M B H
R E S A B T P R O W
T E L L H N I T L C
E A Y D Y N A M H B
C N L L G Y T N D S
```

You who have <u>made</u> me <u>see</u> <u>many</u>
<u>troubles</u> and <u>calamities</u>
will <u>revive</u> me <u>again</u>;
from the <u>depths</u> of the <u>earth</u>
you will <u>bring</u> me up again.
You will <u>increase</u> my <u>honor</u>,
and <u>comfort</u> me once again.

MADE	DEPTHS
SEE	EARTH
MANY	BRING
TROUBLES	INCREASE
CALAMITIES	HONOR
REVIVE	COMFORT
AGAIN	

Psalm 84:3

```
H S M P S Z S Z J L
O X R D Z P J Y V N
M R N A A H O S T S
E I L R T U L O R D
F A R S N L K J W B
Y O E G Q I A X Q R
W N O T N N E V E B
D D B G P Z B T R L
```

Even the sparrow finds a home,
and the swallow a nest for herself,
where she may lay her young,
at your altars, O Lord of hosts,
my King and my God.

EVEN   YOUNG
SPARROW   ALTARS
FINDS   LORD
HOME   HOSTS
NEST   KING
LAY   GOD

Psalm 89:13-14

```
J U S T I C E T Y F
Y K J D B H E R O T
T G K R H N A U T M
H E N S O T N N N R
G V X R T D U L D T
I A H A A R O R H W
M T R T L V O G T D
R M I M I T I N D M
T O M N V R E L G Q
N P G N Y N X D T L
```

You have a <u>strong</u> <u>arm</u>;
Your <u>hand</u> is <u>mighty</u>, Your <u>right</u> hand
   is <u>exalted</u>.
<u>Righteousness</u> and <u>justice</u> are the
   <u>foundation</u> of Your <u>throne</u>;
<u>Lovingkindness</u> and <u>truth</u> go before You.

STRONG	JUSTICE
ARM	FOUNDATION
HAND	THRONE
MIGHTY	LOVING
RIGHT	TRUTH
EXALTED	

Psalm 91:1-2

```
A R S D T E V R N
T L O H D R E G S
S G M I E F U S Y
L T B I U L E S W
L A S G G R T O T
E H E O T H D E D
W T I R M A T R R
D J O G H R O Y B
T F Y S H L L G Z
```

He who _dwells_ in the _shelter_ of the
   Most _High_
Will _abide_ in the _shadow_ of the _Almighty_.
I will say to the _Lord_, "My _refuge_ and
   my _fortress_,
My _God_, in whom I _trust_!"

DWELLS	ALMIGHTY
SHELTER	LORD
MOST	REFUGE
HIGH	FORTRESS
ABIDE	GOD
SHADOW	TRUST

Psalm 91:11-12

```
C H A R G E F Y J C
S R A E B W Z O O P
D R S J G N A N O R
N S L Y S I C L V T
A L L T A E V D L S
H R O E R W R E T Y
J N N N G A L R K N
E M I D U N I L L W
Q N J G D K A Y R Q
G Y B R E T Y B D Y
```

For He will <u>give</u> His <u>angels</u> <u>charge</u>
<u>concerning</u> you,
To <u>guard</u> you in <u>all</u> your <u>ways</u>.
They will <u>bear</u> you up in their <u>hands</u>,
That you do not <u>strike</u> your <u>foot</u> against
a <u>stone</u>.

GIVE
ANGELS
CHARGE
CONCERNING
GUARD
ALL

WAYS
BEAR
HANDS
STRIKE
FOOT
STONE

Psalm 94:18-19

```
S N O I T A L O S N O C
J T P D T S T J G K E L
D J E R R O E N B V Y Y
V B A A O O I R O N D Y
C E M F D P L L A L N Z
H H Y L P F S M E C N Y
Q J E I T O A H Z P X M
X B L E U N M S P P Y R
R S Q L R M P N T T T J
```

When I thought, "My <u>foot</u> is <u>slipping</u>,"
your <u>steadfast</u> <u>love</u>, O <u>Lord</u>, <u>held</u> me up.
When the <u>cares</u> of my <u>heart</u> are <u>many</u>,
your <u>consolations</u> <u>cheer</u> my <u>soul</u>.

FOOT	CARES
SLIPPING	HEART
STEADFAST	MANY
LOVE	CONSOLATIONS
LORD	CHEER
HELD	SOUL

Psalm 103:8-10

```
K W R G X W R T X W I Z P
C O M P A S S I O N A T E
E V R E S E D L I M J R L
H T L N L Y S Q R Q N L M
R A O A B O U N D I N G T
E J R L M I Y T R E A T L
P R D B T S U O I C A R G
A D E I O E S U C C A X M
Y N E G M R V I Q L R N D
D S T R N T G O N P G R J
X Z B D M A L K L S D D N
```

The <u>Lord</u> is <u>compassionate</u> and <u>gracious</u>,
<u>slow</u> to <u>anger</u>, <u>abounding</u> in <u>love</u>.
He will not always <u>accuse</u>,
nor will he <u>harbor</u> his anger forever;
he does not <u>treat</u> us as our <u>sins</u>
  <u>deserve</u>
or <u>repay</u> us according to our
  <u>iniquities</u>.

LORD
COMPASSIONATE
GRACIOUS
SLOW
ANGER
ABOUNDING
LOVE

ACCUSE
HARBOR
TREAT
SINS
DESERVE
REPAY
INIQUITIES

Psalm 107:8-9

```
L T Z G K K D D R O L K
H U S S A T I S F I E S
H U F A L D H D Q J K B
Y U M R F L O A Y D J V
T W N A E D I O N J R R
S O B G N D A F G K X Q
R R V L R K N E L R T N
I K N G O Y I O T V J D
H S T Y R V W N W S J Q
T N T J K Q E B D Y G W
```

Let them <u>thank</u> the <u>Lord</u> for his <u>steadfast</u>
   <u>love</u>,
for his <u>wonderful</u> <u>works</u> to <u>humankind</u>.
For he <u>satisfies</u> the <u>thirsty</u>,
and the <u>hungry</u> he <u>fills</u> with <u>good</u> things.

THANK	HUMANKIND
LORD	SATISFIES
STEADFAST	THIRSTY
LOVE	HUNGRY
WONDERFUL	FILLS
WORKS	GOOD

Psalm 107:28-29

```
H U S H E D G S B
D E I R C X S V B
L R E D R E M R J
B L R L R V O W M
W O I T B U B R T
L A S T G U O K E
S I V H S T O D T
D E T E S J A R N
R M A T S M J G T
```

Then they _cried_ to the _Lord_ in their
   trouble,
and he _brought_ them out from their
   distress;
he _made_ the _storm_ be _still,_
and the _waves_ of the _sea_ were _hushed._

CRIED   STORM
LORD   STILL
TROUBLE   WAVES
BROUGHT   SEA
DISTRESS   HUSHED
MADE

Psalm 118:5-6

```
N Q J M Y L D V Q D N N
A N S W E R E D I Z Q W
E C A L P Y J S C Y Y D
T O J M O R T A L S A X
E P U F T R L Y E O D M
S V E T E L L O R D R M
Q A N S E W G B R Q I B
R X S D T W B M L K N S
```

Out of my _distress_ I _called_ on the _Lord;_
the Lord _answered_ me and _set_ me in a
   broad _place._
With the Lord on my _side_ I do not _fear._
What can _mortals_ do to me?

OUT	BROAD
DISTRESS	PLACE
CALLED	SIDE
LORD	FEAR
ANSWERED	MORTALS
SET	

Psalm 119:49-50

```
R M T H I S B D N
D E R R E Y I L S
P D B P O S O E Y
G R O M T F R U M
I H O R E V M A R
V L E M A M D O D
E S I N I E E R C
S L T F N S O R Y
N V B N E W E B P
```

Remember your word to your servant,
in which you have made me hope.
This is my comfort in my distress,
that your promise gives me life.

REMEMBER   COMFORT
WORD   DISTRESS
SERVANT   YOUR
MADE   PROMISE
HOPE   GIVES
THIS   LIFE

Psalm 119:76-77

```
Q Z Z L J E C T K X G J J
L V T W B S T O V Y V M R
V J V K V I D H M L A W W
U G C S L M M L G F B L R
L N N O E O A D B I O K R
K L F I M R Y Z P V L R Z
Y N B A D P V Y E N B E T
V Q M E I R A A G N Y D D
R M M E R L O S N L Z T V
K O V N Z X I C S T Y J B
C I X T T P N N C I L K W
L N Z T Y M B N G A O K D
G J M G Y N Y N J R G N M
```

May your unfailing love be my comfort, according to your promise to your servant.
Let your compassion come to me that I may live, for your law is my delight.

MAY	SERVANT
UNFAILING	COMPASSION
LOVE	COME
COMFORT	LIVE
ACCORDING	LAW
PROMISE	DELIGHT

Psalm 121:1-2

```
C O M E Y J X E M R
H E A V E N R L Q B
S T H Q F E W T M V
L F Z T H R P L E H
L I L W R S O M D L
I L T O E A A M W Y
H B T Y R D E T L X
N L E J E D D R Z B
```

I lift up my eyes to the hills—
from where will my help come?
My help comes from the Lord,
who made heaven and earth.

LIFT
EYES
HILLS
FROM
WHERE
HELP

COME
LORD
MADE
HEAVEN
EARTH

Psalm 121:5-6

```
L M J G D T Q J G R
E V Z D V N D N B D
K R I G H T A A T N
I D V Z R Z Z H Y R
R N R E D A H S E M
T I Y O M T M P O Y
S G J Z L G E O M G
Z H S P P E N G K Y
R T R U K W Y T B Y
N W T Y N X Z R W Q
```

The <u>Lord</u> is your <u>keeper</u>;
the Lord is your <u>shade</u> at your <u>right</u>
   <u>hand</u>.
The <u>sun</u> shall not <u>strike</u> you by <u>day</u>,
nor the <u>moon</u> by <u>night</u>.

LORD	SUN
KEEPER	STRIKE
SHADE	DAY
RIGHT	MOON
HAND	NIGHT

Psalm 138:7

```
P R E S T R E T C H V
H R T L W H T S D I M
S A E S B L G E T Q L
H E N S N U L I H D T
G B I D E I O T R K B
U K T M V R A R Y N K
O M L E E R V G T D G
H D R A W N T E A L J
T S R Z W Y E Z P N X
```

Though I walk in the midst of trouble,
you preserve me against the wrath of
*   my enemies;*
you stretch out your hand,
and your right hand delivers me.

THOUGH   WRATH
WALK   ENEMIES
MIDST   STRETCH
TROUBLE   HAND
PRESERVE   RIGHT
AGAINST   DELIVERS

Psalm 139:12

```
D Y J P L C V R J L
N W D B O L T N L D
U R D V R B I A W Y
O W E A E I H G P T
R R T C R S G E H S
A T O H Y K V H U T
D M H A G E N R T G
E Y S G N I E E B M
K D A V I L N X S Q
P N N D Y L W Q X S
```

If I say, "Surely the darkness shall
* cover me,*
and the light around me become night,"
even the darkness is not dark to you;
the night is as bright as the day,
for darkness is as light to you.

SAY
SURELY
DARKNESS
SHALL
COVER
LIGHT
AROUND

BECOME
NIGHT
EVEN
BRIGHT
DAY
LIGHT

Psalm 145:14-16

```
S W F G S H A N D G B
N D P A Y E D X N L K
O N L R L E Y I L O W
S S E O S L Y E O L M
A V E I H F I L Z X T
E M R S S P B N E P O
S E Y I I F U O G N L
M M T L O A E N W D T
D A V O O V R W D E B
S R D Y I R B O Q V D
J M D G J L D D D B D
```

The <u>Lord</u> <u>upholds</u> all who are <u>falling</u>,
and <u>raises</u> up all who are <u>bowed</u> <u>down</u>.
The <u>eyes</u> of all <u>look</u> to you,
and you <u>give</u> them their <u>food</u> in due
  <u>season</u>.
You <u>open</u> your <u>hand</u>,
<u>satisfying</u> the <u>desire</u> of <u>every</u> living thing.

LORD	GIVE
UPHOLDS	FOOD
FALLING	SEASON
RAISES	OPEN
BOWED	HAND
DOWN	SATISFYING
EYES	DESIRE
LOOK	EVERY

Proverbs 3:5-8

```
G N I D N A T S R E D N U
W D O T Q R H L E N R K Y
O N W Z U C D K L K P R N
H E N S I D A N A G N D Y
S P T H K T R L T V M L B
X E W P N D L O H T A P J
J D E Z N M R Z L V P L G
Z T Z K J T R A E H G D Y
W I L L M G L M B Q Y L Q
```

Trust in the Lord with all your heart;
do not depend on your own
  understanding.
Seek his will in all you do,
and he will show you which path to take.

TRUST	SEEK
LORD	WILL
ALL	SHOW
HEART	WHICH
DEPEND	PATH
OWN	TAKE
UNDERSTANDING	

Proverbs 23:17-18

```
E S L O C N N T X T V
U I Y U F E Y Y P T M
N N T A N F L Y N Q B
I N K V W E R U T U F
T E Y N R L R L O R D
N R Z U Q A A N X T G
O S S H E A R T Y P W
C L T F E P O H R L J
```

Do not let your <u>heart</u> <u>envy</u> <u>sinners</u>,
but <u>always</u> <u>continue</u> in the <u>fear</u> of
the <u>Lord.</u>
<u>Surely</u> there is a <u>future</u>,
and your <u>hope</u> will not be <u>cut</u> <u>off</u>.

HEART	LORD
ENVY	SURELY
SINNERS	FUTURE
ALWAYS	HOPE
CONTINUE	CUT
FEAR	OFF

Isaiah 9:6

```
G R E H T A F N D W X
C N M C X L A T O Y G
O P I Y A M N N Y O S
U R G T E E D R V H T
N I H T S E P E O D N
S N T L R A R U L B N
E C Y F N N L I W E Z
L E U O M D H R V T Z
L L S E E C G I E R M
O L N R Z P G O K V D
R T L T V J B Q D N E
```

For unto us a child is born,
unto us a son is given:
and the government shall be upon
*   his shoulder:*
and his name shall be called
Wonderful, Counsellor, The mighty God,
The everlasting Father, The Prince of
*   Peace.*

CHILD   COUNSELLOR
BORN   MIGHTY
SON   GOD
GIVEN   EVERLASTING
GOVERNMENT   FATHER
SHOULDER   PRINCE
NAME   PEACE
WONDERFUL

Isaiah 40:28-29

```
U U Q M R M L P D W M K T G
D N N G J K G R Q N N N D Q
W Q D S N Z X Z G O I N Q T
T E W E E I L L W A J T H D
S H A W R A T N F K S G K Y
E T E R W S R S R X I D C D
S G B A Y G T C A M Y R N R
A N L O R D Q A H L E Q B E
E E D L Y T G G N A R T B R
R R H Y B R H R T D B E Z J
C T E W O J E O G G I L V R
N S A W Z W R B O Z J N E E
I M R D O Z V J D B X L G N
L Y D P R L T K V T N M K J
```

Have you not _known_? Have you
  not _heard_?
The _Lord_ is the _everlasting_ _God_,
the _Creator_ of the _ends_ of the
  earth.
He does not _faint_ or _grow_ _weary_;
his _understanding_ is _unsearchable_.
He gives _power_ to the faint,
and to him who has no _might_ he
  increases _strength_.

KNOWN	GROW
HEARD	WEARY
LORD	UNDERSTANDING
EVERLASTING	UNSEARCHABLE
GOD	POWER
CREATOR	MIGHT
ENDS	INCREASES
EARTH	STRENGTH
FAINT	

Isaiah 40:31

```
S S D N V Z R R D D T
T E G P L N B P Q N L
R L T S Y L V L I G M
E G W D G Y L A T O B
N A N J T N F A U L W
G E G W B V I N H A D
T R E N E W T W L S T
H I L D D A W K Q H R
Z D A O N U R D E R M
G L Z W R Y D Y W Y Z
Y K R N K D R M Q R K
```

They who wait for the Lord shall renew
their strength;
they shall mount up with wings
like eagles;
they shall run and not be weary;
they shall walk and not faint.

THEY
WAIT
LORD
SHALL
RENEW
STRENGTH
MOUNT

WINGS
EAGLES
RUN
WEARY
WALK
FAINT

Isaiah 41:10

```
D Q Q L B Q Y G Y W Q
E N E H T G N E R T S
G S U O I R O T C I V
A G O D H D A Y N M D
R N Z T T F L P G L R
U B I Y R H M L O N D
O W Y A Y E G H I N X
C N I O L L Z I A W V
S D U R D P R H R T G
I G T L L L V Z L V N
D Y N D Y D L Y Z T T
```

Don't be <u>afraid</u>, for I am <u>with</u> <u>you</u>.
Don't be <u>discouraged</u>, for I am your <u>God</u>.
I <u>will</u> <u>strengthen</u> you and <u>help</u> you.
I will <u>hold</u> you up with my <u>victorious</u>
*   <u>right</u> <u>hand</u>.*

AFRAID	STRENGTHEN
WITH	HELP
YOU	HOLD
DISCOURAGED	VICTORIOUS
GOD	RIGHT
WILL	HAND

Isaiah 49:10

```
D R O L P T B D W B R
D T B T T W H Y R E R
R T J K Z T A I H T T
A N Y M O R E T R W V
H P B T C M I S E S X
U R Q O E E D U R T
N N O R N A D R A N S
G L C M R T E I L E W
E Y T I R A Q Y S R L
R J N R C Q Q J R E T
M G K H T P J R J J B
```

They will <u>neither</u> <u>hunger</u> nor <u>thirst</u>.
The <u>searing</u> sun will not <u>reach</u> them
  <u>anymore</u>.*
For the <u>Lord</u> in his <u>mercy</u> will <u>lead</u> them;
he will lead them <u>beside</u> cool <u>waters</u>.

NEITHER	LORD
HUNGER	MERCY
THIRST	LEAD
SEARING	BESIDE
SUN	COOL
REACH	WATERS
ANYMORE	

Isaiah 49:13

```
M J S U F F E R I N G K
D O X E J R E J O I C E
E V U O A Y W I X H B M
T T Y N G R S V E M T T
R L S N T S T A L E M B
O H I R A A V H L X J W
F S A P U E I P G N O S
M D M V N B O N D R O L
O O G S E E X D S Z T B
C M P D P N N B D Y P T
```

Sing for joy, O heavens!
Rejoice, O earth!
Burst into song, O mountains!
For the Lord has comforted his people
and will have compassion on them in
*   their suffering.*

SING   MOUNTAINS
JOY   LORD
HEAVENS   COMFORTED
REJOICE   PEOPLE
EARTH   HAVE
BURST   COMPASSION
SONG   SUFFERING

Isaiah 51:3

```
T H A N K S G I V I N G
S S E N R E D L I W L V
S O N G N F N S N L T L
D T P L O E S E Q L Y X
E J R U N E D W N O I Z
S Y N O N E A R E G M R
E D O D F S E C A L P N
R G A J T M I Q O G R Z
T L D E T O O R M A K E
G N M Y V B D C B B Y R
```

For the <u>Lord</u> will <u>comfort</u> <u>Zion</u>;
he will comfort all her <u>waste</u> places,
and will <u>make</u> her <u>wilderness</u>
*   like <u>Eden</u>,*
her <u>desert</u> like the <u>garden</u> of
*   the Lord;*
<u>joy</u> and <u>gladness</u> will be <u>found</u> in her,
<u>thanksgiving</u> and the <u>voice</u> of <u>song</u>.

LORD
COMFORT
ZION
WASTE
PLACES
MAKE
WILDERNESS
EDEN

DESERT
GARDEN
JOY
GLADNESS
FOUND
THANKSGIVING
VOICE
SONG

Isaiah 52:10

```
N H E N D S E L S
A R O N Z A X A V
T E Q L R A L L B
I D L T Y V E L D
O A H L A R O O S
N M A T A R G E E
S R I B D H Y E D
M O Z X R E S B M
N N N M Z R V T T
```

The Lord hath made bare his holy arm
in the eyes of all the nations;
and all the ends of the earth shall see
the salvation of our God.

LORD	NATIONS
MADE	ENDS
BARE	EARTH
HOLY	SHALL
ARM	SEE
EYES	SALVATION
ALL	GOD

Isaiah 55:10

```
M O U N T A I N S Y
P P B V N S O N G V
E D A U L T L I V E
A T L L R H A N D S
C V I E C S J Q D J
E H E D I O T M R B
W S M B Y F W D J W
```

You will <u>live</u> in <u>joy</u> and <u>peace</u>.
The <u>mountains</u> and <u>hills</u> will <u>burst</u>
*   into <u>song</u>,*
and the <u>trees</u> of the <u>field</u> will <u>clap</u>
*   their <u>hands</u>!*

LIVE	SONG
JOY	TREES
PEACE	FIELD
MOUNTAINS	CLAP
HILLS	HANDS
BURST	

Isaiah 58:8-9

```
R G N I L A E H L O R D
A O G L O R Y Y T D G D
N D T R T L X H N Y D T
S A D A K W G F O R T H
W W G C C I N E P B P M
E N I N L I R D R A U G
R U H C I O D E Y C N R
Q K A E F R A N R L R Q
Y L J E L K P Y I Q V N
L Y B T Y P B S B V G D
```

Then your <u>light</u> shall <u>break</u> <u>forth</u> like
  the <u>dawn</u>,
and your <u>healing</u> shall <u>spring</u> up <u>quickly</u>;
your <u>vindicator</u> shall go <u>before</u> you,
the <u>glory</u> of the <u>Lord</u> shall be your rear
  <u>guard</u>.
Then you shall <u>call</u>, and the Lord will
  <u>answer</u>;
you shall <u>cry</u> for <u>help</u>, and he will say,
  Here I am.

LIGHT
BREAK
FORTH
DAWN
HEALING
SPRING
QUICKLY
VINDICATOR

BEFORE
GLORY
LORD
GUARD
CALL
ANSWER
CRY
HELP

Isaiah 58:11

```
C D M R K G T N L M B G B
B O P P N L E G Y O N L L
O X N I D V D G U S R I R
N M R T E E A G D I A D W
E P R R I R R E N F D D Z
S P T D D N E E B O E E L
L L N E E N U Y T H R N Y
B M N K T V F A C A P T W
B Y A N Y S K R L L W M S
T M V L I G A M A L D Q M
B Y P T G P T C T K Y Z N
M Z A Q P Y E L N V M T R
W S M Q T S T W D D T N M
```

The Lord will _guide_ you _continually_,
and _satisfy_ your _needs_ in _parched_
  places,
and _make_ your _bones_ _strong_;
and you shall be like a _watered_ _garden_,
like a _spring_ of water,
whose waters _never_ _fail_.

LORD	BONES
GUIDE	STRONG
CONTINUALLY	WATERED
SATISFY	GARDEN
NEEDS	SPRING
PARCHED	NEVER
PLACES	FAIL
MAKE	

Isaiah 66:13-14

```
C M V G S E N D B L B
O O J S D S L W O T J
M T J A T I A R O H D
F H M E H N D R S H N
O E R C R T A I G W S
R R C Y M U R V O K F
T N R I T U S N R O V
S U Z R O D K A E E K
F W A L S J N S L G S
T E F V K E E A W E G
H N W Y Q W E R H N M
```

As a _mother_ _comforts_ her _child_,
so will I comfort you;
and you will be comforted over
  Jerusalem.
When you _see_ this, your _heart_ will _rejoice_
and you will _flourish_ like _grass_;
the _hand_ of the _Lord_ will be _made_ _known_
  to his _servants_,
but his _fury_ will be _shown_ to his _foes_.

MOTHER
COMFORTS
CHILD
JERUSALEM
SEE
HEART
REJOICE
FLOURISH
GRASS

HAND
LORD
MADE
KNOWN
SERVANTS
FURY
SHOWN
FOES

Jeremiah 29:11-13

```
C D G R B N X R D L L F V
O T N P W L T D O Y U Y Y
M D N I R N I R Q T W S D
E M B Z F O D S U B E L L
S N A L P T S R T R L R L
Z H T L R G E P A E Y Y J
H W A A T I J L E K N O W
G O E R Z V C Q Y R L S B
Y H P N M E L L A C E N X
D A R E D T N N W E T T B
K L R K T Z R Y K T Z Q T
J N N P L J D R Z L Y N Y
```

*"For I __know__ the __plans__ I have for you,"
__declares__ the __Lord__, "plans to __prosper__
you and not to __harm__ you, plans to __give__
you __hope__ and a __future__. Then you will
__call__ on me and __come__ and __pray__ to me,
and I will __listen__ to you. You will __seek__ me
and __find__ me when you seek me with all
your __heart__."*

KNOW	FUTURE
PLANS	CALL
DECLARES	COME
LORD	PRAY
PROSPER	LISTEN
HARM	SEEK
GIVE	FIND
HOPE	HEART

Lamentations 3:22-23

```
S S E N L U F H T I A F
N H V C P Z S Y E B X G
I L S P E E R V T M B D
G O M E I A O J M Q X Y
E R O C R L S S P B K R
B D R V L F R E D P Q J
G E N N X J A T V D D N
M M I Y E T A E R G E B
G W N N V A D K Z W N
Y N G L K C E Q Q Y Y J
L G K L H N D R Q Q R K
```

The faithful <u>love</u> of the <u>Lord</u> <u>never</u> <u>ends</u>!
His <u>mercies</u> never <u>cease</u>.
<u>Great</u> is his <u>faithfulness</u>;
his mercies <u>begin</u> <u>afresh</u> <u>each</u> <u>morning</u>.

LOVE	GREAT
LORD	FAITHFULNESS
NEVER	BEGIN
ENDS	AFRESH
MERCIES	EACH
CEASE	MORNING

Lamentations 3:32-33

```
C S D S W O R R O S D P Q
O T S R G G N I S U A C B
M H R E G N I L I A F N U
P V U D N G I B R E N Y D
A T K R R T E R L O V E Y
S Q H I T C A P B E Z V T
S H E O A I O E N Y L D W
I F O U U E N J R T L X Y
O K S W P G O G B G T T Z
N E T X S Y H Q M V Y D N
```

Though he *brings* *grief,* he also *shows*
  compassion
because of the *greatness* of his *unfailing*
  love.
For he does not *enjoy* *hurting* *people*
or *causing* them *sorrow.*

THOUGH   UNFAILING
BRINGS   LOVE
GRIEF   ENJOY
SHOWS   HURTING
COMPASSION   PEOPLE
BECAUSE   CAUSING
GREATNESS   SORROW

Nahum 1:7-8

```
R P V N T P J V K L Q
S T R O N G H O L D D
R G D O D D T H O S E
D E N R T R O L N R W
O D F I O E B O N Z M
O A Z U H L C E G N N
L Y B Y G S V T H R P
F L T A K E U I S Y G
E N Y B P K M R R D T
```

The <u>Lord</u> is <u>good</u>,
a <u>stronghold</u> in a <u>day</u> of <u>trouble</u>;
he <u>protects</u> <u>those</u> who <u>take</u> <u>refuge</u>
*   in <u>him</u>,*
<u>even</u> in a <u>rushing</u> <u>flood</u>.

LORD   TAKE
GOOD   REFUGE
STRONGHOLD   HIM
DAY   EVEN
TROUBLE   RUSHING
PROTECTS   FLOOD
THOSE

Zephaniah 3:17

```
F E A R S D T Z N L A
E Y W V O H B R Q M P
V G R G G R O L O T L
O G N I J I Z N L G Z
L R L I V O G Z T A L
R E J A V M Y O M N L
D J S L D I I F V G L
S O N G S N L G U E M
N I J T Z O E M H L R
X C B J R P Y S A T B
V E N D P V R C S Q Y
```

For the <u>Lord</u> your <u>God</u> is <u>living</u>
  <u>among</u> you.
He is a <u>mighty</u> savior.
He will take <u>delight</u> in you with <u>gladness</u>.
With his <u>love</u>, he will <u>calm</u> <u>all</u> your <u>fears</u>.
He will <u>rejoice</u> <u>over</u> you with <u>joyful</u> songs.

LORD	LOVE
GOD	CALM
LIVING	ALL
AMONG	FEARS
MIGHTY	REJOICE
SAVIOR	OVER
DELIGHT	JOYFUL
GLADNESS	SONGS

Matthew 5:3-4

```
D E T R O F M O C T
B L E S S E D D I V
M H B V P T L R Q H
O E Z Q H I E L T W
D A M O S H R R I B
G V S O N R A I K W
N E P I U E I E T R
I N O Z D R E E R T
K W O Q M M N L H K
M G R Y W Y T D N T
```

"Blessed are the poor in spirit,
for theirs is the kingdom of heaven.
Blessed are those who mourn,
for they will be comforted.
Blessed are the meek,
for they will inherit the earth."

BLESSED	MOURN
POOR	WILL
SPIRIT	COMFORTED
THEIRS	MEEK
KINGDOM	INHERIT
HEAVEN	EARTH
THOSE	

Matthew 11:28-29

```
S  B  X  N  T  H  G  I  L  Y  G
O  E  U  J  T  F  L  X  O  E  Y
U  L  R  R  I  K  D  K  L  S  X
L  B  K  N  D  T  E  T  A  W  Q
S  M  D  W  A  E  N  E  E  W  X
V  U  T  K  R  E  N  A  H  Q  X
N  H  E  M  G  J  R  E  E  Z  E
N  R  A  E  L  Y  A  M  D  V  R
L  R  B  X  R  R  O  R  I  E  D
W  P  Y  J  T  C  R  G  S  M  T
T  J  L  L  J  N  L  T  V  Y  N
```

"Come to me, all you who are weary and burdened, and I will give you rest. Take my yoke upon you and learn from me, for I am gentle and humble in heart, and you will find rest for your souls. For my yoke is easy and my burden is light."

COME	GENTLE
WEARY	HUMBLE
BURDENED	HEART
GIVE	FIND
REST	SOULS
TAKE	EASY
YOKE	LIGHT
LEARN	

Matthew 24:30-31

```
Y R O L G R N O S L
R K T N G T E R R R
G Z G G A N H W A W
D I T E A E I E O C
S A R E A T P M L P
E G N V P P H O O N
B L E G A M U E R C
I N E Q E D U U R P
R Z X C S L O R W B
T M Q K T M S D T M
```

Then the _sign_ of the _Son_ of Man will _appear_ in _heaven_, and then all the _tribes_ of the earth will _mourn_, and they will see "the Son of Man _coming_ on the _clouds_ of heaven" with _power_ and _great_ _glory_. And he will send out his _angels_ with a loud _trumpet_ call, and they will _gather_ his _elect_ from the four winds, from one end of heaven to the other.

SIGN
SON
APPEAR
HEAVEN
TRIBES
MOURN
COMING
CLOUDS

POWER
GREAT
GLORY
ANGELS
TRUMPET
GATHER
ELECT

Mark 4:30-32

```
X D Z D D B R N Q L N L M L
Z R R W W N V R R D L L Q Y
T S M A L L E S T O L P M L
S T D K T M G P H G N P V B
E E L P Y S L R S A R J W Q
G B H R M A U U O M D G R D
R B S C N G S M O U R E D X
A I E T N E A D R O N N V V
L R E T J A G R W L E D Y N
G D D X Y N R S D S L O N G
T S G N I X K B T E Y N Z M
B K K K T M L S N B N X L L
```

Jesus said, "How can I describe the *Kingdom* of *God*? What story should I use to illustrate it? It is like a *mustard seed planted* in the *ground*. It is the *smallest* of all seeds, but it becomes the *largest* of all *garden* plants; it *grows long branches*, and *birds* can make *nests* in its *shade*."

JESUS
KINGDOM
GOD
MUSTARD
SEED
PLANTED
GROUND
SMALLEST

LARGEST
GARDEN
GROWS
LONG
BRANCHES
BIRDS
NESTS
SHADE

Mark 4:39

```
Y E C N E L I S D J
L D Y G R E A T D D
N E I T Z E Z Z E L
E P Z A W X K K L T
D P W S S A U O L M
D O Q B U B V L W C
U T M D E S I E A K
S S R R N T E L S L
T Q R Z S I M J W M
L L X Q J B W J J R
```

When _Jesus_ _woke_ up, he _rebuked_ the _wind_ and _said_ to the _waves_, "_Silence_! Be _still_!" _Suddenly_ the wind _stopped_, and there was a _great_ _calm_.

JESUS	SILENCE
WOKE	STILL
REBUKED	SUDDENLY
WIND	STOPPED
SAID	GREAT
WAVES	CALM

Mark 10:27-28

```
G E K O P S R M D Q R T
N V B X P T A R Q D T W
I W M N O N H B R B G B
H J R L S K M I T M D W
T N D L S D G M N E D P
Y B L W I L W M K G E R
R A N P B O M O J T S G
E T F E L B O E E H D M
V Z V L E L S R T O N T
E L O Y J U Q I G L V Y
X F M N S Q W R H X D R
T J L J T T V Z B T Q J
```

Jesus looked at them and said, "With man this is impossible, but not with God; all things are possible with God." Then Peter spoke up, "We have left everything to follow you!"

JESUS	POSSIBLE
LOOKED	WITH
MAN	PETER
THIS	SPOKE
GOD	LEFT
ALL	EVERYTHING
THINGS	FOLLOW

Mark 11:22-23

```
Z M M N R N T S U M Y N B G
B K N Z Y M B N Q L T R N J
Z R J X N T F J V H M I N J
L S W Y R L M A R D A T K N
D Y E A D W N O I T O N R P
H X E L J E W E N T R U N Y
A H M B P N T U V D H U B Y
P Y S P L I O F N E M Z T T
P V L U L M C M I S I P P H
E N D L S J B S Q L E L W R
N O L L A E K V I J T A E Q
G W M N T E J P Z D B D J B
Y T W M Y R R M D Y R T R K
```

Then _Jesus_ said to the _disciples_, "Have _faith_ in _God_. I tell you the _truth_, you can say to this _mountain_, 'May you be _lifted_ up and _thrown_ into the _sea_,' and it will _happen_. But you _must_ _really_ _believe_ it will happen and have no _doubt_ in your _heart_."

JESUS
DISCIPLES
FAITH
GOD
TRUTH
MOUNTAIN
LIFTED
THROWN

SEA
HAPPEN
MUST
REALLY
BELIEVE
DOUBT
HEART

Luke 1:78-79

```
S S E N K R A D P V P Y M D
M B M W N P G J M J L Y M B
R Y Z A K V M U V G M J R R
N W R D D T R D I K D E G J
Y O Q Z K E B M K D A V T D
B P P Z L N M D Y K E Y M B
T N Y U M D W A M E J T Y R
D H H G J E W O V L Z K R T
E Y G I B R G I D Y C R E M
A X P I G Y G O G A Z N X Y
T R K E L H F D D N H G G Q
H Y D L A E K D D B J S M M
Q M Z J E C X K M Y R N N Q
R W T T T L E G Q Z B R K L
```

*By the tender mercy of our God,
the dawn from on high will break
  upon us,
to give light to those who sit in darkness
  and in the shadow of death,
to guide our feet into the way of peace.*

TENDER	LIGHT
MERCY	DARKNESS
GOD	SHADOW
DAWN	DEATH
HIGH	GUIDE
BREAK	FEET
UPON	WAY
GIVE	PEACE

Luke 2:10-11

```
E L P O E P N S B R
G R E A T R Y R E L
A L L A O B I T E E
J N M I F N O G I M
J X V E G R N R D C
V A Z I S A A I N B
S D N D Y S V I N Y
Q G R O M A I E D B
B T J O D M W A N Z
J X W G L S R R H J
```

But the angel said to them, "Do not be afraid; for see—I am bringing you good news of great joy for all the people: to you is born this day in the city of David a Savior, who is the Messiah, the Lord."

ANGEL	ALL
AFRAID	PEOPLE
SEE	BORN
BRINGING	CITY
GOOD	DAVID
NEWS	SAVIOR
GREAT	MESSIAH
JOY	LORD

Luke 4:18-19

```
M M S S T S D D B M B L
P D W E P B E S I G H T
Y E E I V T L A R O O P
N R R S N I L I E E R F
F I E I S C T S N G B N
T A O V O E A P N D J Y
L N V R O E R I A D V M
A O P O L C R P O C B R
N J R E R B E O P Y L L
Q G R D D D G R L O J Y
```

The *Spirit* of the *Lord* is upon me,
because he has *anointed* me
to *bring* *good* *news* to the *poor.*
He has sent me to *proclaim* *release* to
   the *captives*
and *recovery* of *sight* to the *blind,*
to let the *oppressed* go *free,*
to proclaim the year of the Lord's *favor.*

SPIRIT	RELEASE
LORD	CAPTIVES
ANOINTED	RECOVERY
BRING	SIGHT
GOOD	BLIND
NEWS	OPPRESSED
POOR	FREE
PROCLAIM	FAVOR

Luke 6:37b-38

```
T O G E T H E R N
G M L S O L U J F
D P E V H N A O M
O E E A N A R P G
O R S I S G K I L
G K N S I U V E N
P G C V E E R W N
U L E A N R O E Q
T R Q B B D P V Y
```

*Forgive, and you will be forgiven;
give, and it will be given to you. A
good measure, pressed down, shaken
together, running over, will be put into
your lap; for the measure you give will be
the measure you get back.*

FORGIVE	TOGETHER
GIVEN	RUNNING
GOOD	OVER
MEASURE	PUT
PRESSED	LAP
DOWN	BACK
SHAKEN	

Luke 8:47-48

```
D Y D L Z B D X Y J L W G
E D A U G H T E R L T T M
C L B Q G H L L E W B X D
L E C N E S E R P G V W G
A X V L K X N A B M O M T
R G N I L L A F L M J R T
E T D N L E H G A E E D L
D N O Y I T L N M M D J V
Q E Y U I A T P B Q D Z E
L D L A C X M L O J Y C J
G D F N L H I E G E A T D
P I Z T T N E R R E P T Z
J H M K G L P D P Q N Y L
```

When the *woman* saw that she could not *remain* *hidden*, she came *trembling*; and *falling* down before him, she *declared* in the *presence* of all the *people* why she had *touched* him, and how she had been immediately *healed*. He said to her, "*Daughter*, your *faith* has made you *well*; go in *peace*."

WOMAN	PEOPLE
REMAIN	TOUCHED
HIDDEN	HEALED
TREMBLING	DAUGHTER
FALLING	FAITH
DECLARED	WELL
PRESENCE	PEACE

Luke 12:6-7

```
N D E O B H M D D N Q Z J
S E W V E R I O P R M Z B
W T T A I A G E V A L U E
O N D T R F N T H M P X T
R U Q F O N H A Y E T J R
R O A D I G I G Y J D M Q
A C L E I R R D P P V D T
P O S S S R M O R E N D X
S M A N Y L W T F D Z P M
```

Are not <u>five</u> <u>sparrows</u> <u>sold</u> for <u>two</u> <u>pennies</u>? <u>Yet</u> not one of them is <u>forgotten</u> in <u>God's</u> <u>sight</u>. But even the <u>hairs</u> of your <u>head</u> are all <u>counted</u>. Do not be <u>afraid</u>; you are of <u>more</u> <u>value</u> than <u>many</u> sparrows.

FIVE	SIGHT
SPARROWS	HAIRS
SOLD	HEAD
TWO	COUNTED
PENNIES	AFRAID
YET	MORE
FORGOTTEN	VALUE
GOD	MANY

Luke 12:24-25

```
S L T M B Y M W D W B K J
E T S D R I B D O Q V J M
L C O N S I D E R S K P M
G Z Q R N E F W W J P M R
N X T R E I U O Y A D T M
I R A F L H R L E S P A N
S B A G E R O R A Y J W K
G H X V Y E N U Q V Z R L
O J O I E Z D R S Q V Q M
D M N U P N D S Y E D Q D
Z G Q R R D S Z Z Z L X J
```

Consider the ravens: they neither sow nor reap, they have neither storehouse nor barn, and yet God feeds them. Of how much more value are you than the birds! And can any of you by worrying add a single hour to your span of life?

CONSIDER
RAVENS
SOW
REAP
STOREHOUSE
BARN
GOD
FEEDS

VALUE
BIRDS
WORRYING
SINGLE
HOUR
SPAN
LIFE

John 1:3-5

```
G N I H T O N W N
D A R K N E S S O
N M A D E E H V T
I M Z Y N G E U S
K I X I U R O G T
N H H O C H N H E
A S R O T I G F L
M H M I H I I L D
T E W T L L A W Y
```

Through him all things were made; without him nothing was made that has been made. In him was life, and that life was the light of all mankind. The light shines in the darkness, and the darkness has not overcome it.

THROUGH
HIM
ALL
THINGS
MADE
WITHOUT
NOTHING

LIFE
LIGHT
MANKIND
SHINES
DARKNESS
OVERCOME

John 3:16-17

```
P P S N Y D D W T D
P N O E L L H N E J
E S M R V O N V E E
R T O E E E A O T S
I W H V D S I E D L
S D E R T N R L I Q
H R E G O N O F E D
M T A V A U E C O B
J V Y L O N G G D Q
E X M D B L Q H Q W
```

For <u>God</u> so <u>loved</u> the <u>world</u>, that he <u>gave</u> his <u>only</u> Son, that <u>whoever</u> <u>believes</u> in him should not <u>perish</u> but have <u>eternal</u> <u>life</u>. For God did not <u>send</u> his Son into the world to <u>condemn</u> the world, but in order that the world might be <u>saved</u> <u>through</u> him.

GOD	PERISH
LOVED	ETERNAL
WORLD	LIFE
GAVE	SEND
ONLY	CONDEMN
SON	SAVED
WHOEVER	THROUGH
BELIEVES	

John 4:13-14

```
J S R N E H W N E Q
N T K F E A S T J Y
D O I N T V E E G Y
Y L O E I R E N R W
E T R S N R I R I F
N G S A P L D T M S
O I L R B R H J U D
Y V A B I I I S Y M
N E U G N H E N Q X
A B D D A J T N G W
```

Jesus replied, "Anyone who drinks this water will soon become thirsty again. But those who drink the water I give will never be thirsty again. It becomes a fresh, bubbling spring within them, giving them eternal life."

JESUS	AGAIN
ANYONE	FRESH
DRINKS	BUBBLING
WATER	SPRING
SOON	WITHIN
THIRSTY	ETERNAL
GIVE	LIFE
NEVER	

John 6:19-21

```
I M M E D I A T E L Y J
G G N I K L A W Y F B P
D N L R Z K D Y R S A W
E V I S L I R I T D K R
W G E M A M G R A E N Y
O A J R O H M G O I N G
R G F E T C I Y D W B X
L A L E S L L Q Y O Q T
T X N A A U E D A L T Y
P E Y N D M S T Q R N L
D K D R V B W P B M W Y
```

When they had <u>rowed</u> about three or four <u>miles</u>, they <u>saw</u> <u>Jesus</u> <u>walking</u> on the <u>sea</u> and <u>coming</u> <u>near</u> the <u>boat</u>, and they were <u>frightened</u>. But he said to them, "It is I; do not be <u>afraid</u>." Then they were <u>glad</u> to take him into the boat, and <u>immediately</u> the boat was at the <u>land</u> to which they were <u>going</u>.

ROWED
MILES
SAW
JESUS
WALKING
SEA
COMING
NEAR

BOAT
FRIGHTENED
AFRAID
GLAD
IMMEDIATELY
LAND
GOING

John 6:35

```
B J D L J J T W K T
E J K E E D H J X V
L B R S I O E T D B
I T U B E L Y F R B
E S H V L R P E I S
V N E I G R A E E L
E R I N R D E M R L
S R U A M S O V L R
Y H P V G C T I E K
D Y K D J A W Y V N
```

Jesus replied, "I am the bread of life. Whoever comes to me will never be hungry again. Whoever believes in me will never be thirsty."

JESUS	WILL
REPLIED	NEVER
BREAD	HUNGRY
LIFE	AGAIN
WHOEVER	BELIEVES
COMES	THIRSTY

John 14:1-3

```
G T R O U B L E D D Z R M B
N E Q P Q K S T Y Q M N P Y
I F M N H Q B T S U R T D M
H A N O M G E R R T C A M K
T T B R H B U C J A E O N N
Y H K G B L E O A R E Y M T
R E B N T R A V N L Y H N E
E R D P A B L V Q E P P L B
V L R P T G W R O O M D W N
E Q E G J B A Y L P Q X Q B
Q R O N Z G Y T P J J Z K G
P D G B B R S N X D T J G L
```

Don't let your <u>hearts</u> be <u>troubled</u>. <u>Trust</u> in <u>God</u>, and trust also in me. There is more than <u>enough</u> <u>room</u> in my <u>Father's</u> <u>home</u>. If this were not so, would I have told you that I am going to <u>prepare</u> a <u>place</u> for you? When <u>everything</u> is <u>ready</u>, I will <u>come</u> and get you, so that you will <u>always</u> be with me where I am.

HEARTS	HOME
TROUBLED	PREPARE
TRUST	PLACE
GOD	EVERYTHING
ENOUGH	READY
ROOM	COME
FATHER	ALWAYS

John 14:12-14

```
G N I H T Y N A L D
R A B J B T E L L X
E N N E T R J Z R Q
A Y O Y L S I E Q G
T O S E K I H N O Q
E N H R M T E I G Y
R E O T A A N V R R
D W A F U G N O E L
M S D B D R L N B S
K Y B D B G T Q M Y
```

I tell you the truth, anyone who believes in me will do the same works I have done, and even greater works, because I am going to be with the Father. You can ask for anything in my name, and I will do it, so that the Son can bring glory to the Father. Yes, ask me for anything in my name, and I will do it!

TELL	FATHER
TRUTH	ASK
ANYONE	ANYTHING
BELIEVES	NAME
WORKS	SON
GREATER	BRING
GOING	GLORY

John 14:26-27

```
S T R A E H H E D W
D I A R F A T O R D
T G I V E A E E L K
R R N H C V M M T Y
E Y O O C I A I A E
H D V U N A R E C N
T D L D B I E A L S
A I Y R P L E T E K
F A T S O P E N X V
R S V R Y W D D T W
```

But the _Advocate_, the _Holy Spirit_, whom the _Father_ will _send_ in my _name_, will _teach_ you everything, and _remind_ you of all that I have _said_ to you. _Peace_ I _leave_ with you; my peace I _give_ to you. I do not give to you as the _world_ gives. Do not let your _hearts_ be _troubled_, and do not let them be _afraid_.

ADVOCATE	SAID
HOLY	PEACE
SPIRIT	LEAVE
FATHER	GIVE
SEND	WORLD
NAME	HEARTS
TEACH	TROUBLED
REMIND	AFRAID

John 15:7-8

```
G P N W R M B N F R U I T
N M Y K Z F I Y T R H T D
I D U V B A R Q R S A O L
W W Y C M T R Y I O N E D
O Z H E H H K W A E L I B
H B R A R E D S D L S G N
S T M L T R K K T C G L Y
T D M T K E Q X I D G K Q
S D R O W B V P T M R J T
T N L D G Y L E N Q Y Q W
M L B J X E L Y R D R M Q
J Q J D S R W L Y L L B Y
```

If you <u>remain</u> in me and my <u>words</u> remain in you, <u>ask</u> <u>whatever</u> you <u>wish</u>, and it will be <u>done</u> for you. This is to my <u>Father's</u> <u>glory</u>, that you <u>bear</u> <u>much</u> <u>fruit</u>, <u>showing</u> yourselves to be my <u>disciples</u>.

REMAIN	GLORY
WORDS	BEAR
ASK	MUCH
WHATEVER	FRUIT
WISH	SHOWING
DONE	DISCIPLES
FATHER	

John 16:21-22

```
S M R H J N R A Y X Q
V R O W A Q N A M O W
E U E M T G D L R O W
R C U B U S T R A E H
D H I I M L J E N V M
N L S O A E M O B D V
I H I B J O M O Y P Y
A Y O H C E R E T G G
P R R W C N R X R L Y
```

When a <u>woman</u> is in <u>labor</u>, she has <u>pain</u>, because her <u>hour</u> has <u>come</u>. But when her <u>child</u> is <u>born</u>, she no longer <u>remembers</u> the <u>anguish</u> because of the <u>joy</u> of having brought a <u>human</u> being into the <u>world</u>. So you have pain now; but I will see you again, and your <u>hearts</u> will <u>rejoice</u>, and no one will take your joy from you.

WOMAN	REMEMBERS
LABOR	ANGUISH
PAIN	JOY
HOUR	HUMAN
COME	WORLD
CHILD	HEARTS
BORN	REJOICE

John 16:33

```
O E V A H H M A Y D
T V E S E H T Y M G
R D E A E W N T B D
O P R R O K H Z W V
U T E R C I A D R Z
B V L A N O L T V T
L D J G C O M Y O U
E R S D T E D E D R
```

"I have <u>told</u> you <u>these</u> <u>things</u>, so that in me <u>you</u> <u>may</u> <u>have</u> peace. In this <u>world</u> you will have <u>trouble</u>. But <u>take</u> <u>heart</u>! I have <u>overcome</u> the world."

TOLD	PEACE
THESE	WORLD
THINGS	TROUBLE
YOU	TAKE
MAY	HEART
HAVE	OVERCOME

Acts 9:31

```
D G Z N Y D V S N X B P B
T N E M E G A R U O C N E
G F T Y K M L L B K Z C Q
A E I P A O I E V S H P D
L A R R R V L N T U Y Q G
I R I D E I U R R V X L M
L A P D E M O C Y N J G B
E Z S V B N H A E L R N N
E Q E E G V B C E E O K G
T R R E K Y A L W D M H K
S S R T J E L B Q M U X P
Q T X B P P B L Q V T J J
```

The church then had peace throughout Judea, Galilee, and Samaria, and it became stronger as the believers lived in the fear of the Lord. And with the encouragement of the Holy Spirit, it also grew in numbers.

CHURCH	FEAR
PEACE	LORD
JUDEA	ENCOURAGEMENT
GALILEE	HOLY
SAMARIA	SPIRIT
STRONGER	GREW
BELIEVERS	NUMBERS
LIVED	

Acts 14:17b

```
V Z D S Q N G L H B
K M P Z T I W E D X
P I Z R V R A O B D
L V N I O V A S H C
E D N D E V E E R S
N G O N N A I O H S
T R I O S E P D L W
Y A Y O F S S L E B
R O N B T J I S D S
J S Z Q N F P X R W
```

He has <u>shown</u> <u>kindness</u> by <u>giving</u> you <u>rain</u> from <u>heaven</u> and <u>crops</u> in their <u>seasons</u>; he <u>provides</u> you with <u>plenty</u> of <u>food</u> and <u>fills</u> your <u>hearts</u> with <u>joy</u>.

SHOWN
KINDNESS
GIVING
RAIN
HEAVEN
CROPS
SEASONS

PROVIDES
PLENTY
FOOD
FILLS
HEARTS
JOY

Acts 17:26-27

```
B R X Q Z K M I N X T N
O A P P O I N T E D N N
U B X F R H K N J L Y J
N H A S A W A E A R T H
D R I B D T H E E D O G
A D I S I N D O H S R B
R T Q O T A A C L F J T
I N N G M O A L I E Q L
E S B J D E R N M N N R
S T N Z R B D Y G M W M
```

From one man he <u>made</u> all the <u>nations</u>, that they should <u>inhabit</u> the <u>whole</u> <u>earth</u>; and he marked out their <u>appointed</u> times in <u>history</u> and the <u>boundaries</u> of their <u>lands</u>. <u>God</u> did this so that they would <u>seek</u> him and perhaps <u>reach</u> out for him and <u>find</u> him, though he is not <u>far</u> from any one of us.

MADE	BOUNDARIES
NATIONS	LANDS
INHABIT	GOD
WHOLE	SEEK
EARTH	REACH
APPOINTED	FIND
HISTORY	FAR

Acts 20:32

```
I N H E R I T A N C E
E D L I U B W Z T M T
N H A B L E J O Q T L
T E I Z B P R X N J R
R A C M M E S S A G E
U G P A S Y J D A T D
S V I A R E O L S X G
T J R V R G L E W J R
T Q B Y E T T F X L Z
```

And <u>now</u> I <u>entrust</u> you to <u>God</u> and the <u>message</u> of his <u>grace</u> that is <u>able</u> to <u>build</u> you up and <u>give</u> you an <u>inheritance</u> with <u>all</u> those he has <u>set</u> <u>apart</u> for <u>himself</u>.

NOW	GIVE
ENTRUST	INHERITANCE
GOD	ALL
MESSAGE	SET
GRACE	APART
ABLE	HIMSELF
BUILD	

Romans 3:23-24

```
G P E N A L T Y X Y M Y
G L S I G H T W L G O D
E N O Y R E V E R D L L
S D W R D E E F R E E D
T I E D I R C A N R Z M
R S N N F O D A I M Q N
O U I S N N U G R F T T
H S L R A I H S A G N Y
S E Y T H T S L B L L D
V J S Y R C L V Y R B R
```

For everyone has sinned; we all fall short of God's glorious standard. Yet God, in his grace, freely makes us right in his sight. He did this through Christ Jesus when he freed us from the penalty for our sins.

EVERYONE	FREELY
SINNED	RIGHT
FALL	SIGHT
SHORT	CHRIST
GLORIOUS	JESUS
STANDARD	FREED
GOD	PENALTY
GRACE	SINS

Romans 5:1-2

```
T  R  C  Y  G  G  T  S  T  D  N  D
B  T  G  H  A  O  S  P  E  A  C  E
R  B  H  I  R  E  D  I  M  D  J  T
K  F  N  G  C  I  F  S  U  S  E  J
P  E  A  C  U  I  S  T  S  A  O  B
D  S  A  I  T  O  G  T  G  M  D  P
L  L  T  S  T  L  R  R  N  H  R  M
N  O  U  A  O  H  A  H  O  R  Y  K
K  J  R  R  N  C  K  P  T  K  K  K
Y  N  Y  D  E  D  E  N  M  V  B  X
```

Therefore, since we have been <u>justified</u> <u>through</u> <u>faith</u>, we have <u>peace</u> with <u>God</u> through our <u>Lord</u> <u>Jesus</u> <u>Christ</u>, through whom we have <u>gained</u> <u>access</u> by faith into this <u>grace</u> in which we now <u>stand</u>. And we <u>boast</u> in the <u>hope</u> of the <u>glory</u> of God.

JUSTIFIED	GAINED
THROUGH	ACCESS
FAITH	GRACE
PEACE	STAND
GOD	BOAST
LORD	HOPE
JESUS	GLORY
CHRIST	

Romans 6:22

```
B G Q Z M Q J M R Y T M J
E Y L R P N J E Y B Z G G
C P N P D N Y L E D Y J J
O Q X Z R T L A N R E T E
M R E S U L T S P D F Y J
E G L V N S E Y T A K V V
Y B O I K T S D S Y E T P
M R N D F S D E S I I R Y
R M W O D E Y E N F N V R
V D B A W R V T E I Z J B
B X E J Q A T N Z B L T T
B L W Q L L E Y B G R O Y
N P N S N B W B W Y Y Z H
```

But <u>now</u> that you have been <u>set</u> <u>free</u> from <u>sin</u> and have <u>become</u> <u>slaves</u> of <u>God</u>, the <u>benefit</u> you <u>reap</u> <u>leads</u> to <u>holiness</u>, and the <u>result</u> is <u>eternal</u> <u>life</u>.

NOW
SET
FREE
SIN
BECOME
SLAVES
GOD

BENEFIT
REAP
LEADS
HOLINESS
RESULT
ETERNAL
LIFE

Romans 8:26b-28

```
G S S M L M N J G D T G B N J Y
B S E T W X D N R N L Q X Q Z N
Y E A J I N M H O N Q W D M L Z
W L R M I R E B A Y M K M O P M
E D C M Q A I R N T Y A R P O W
C R H D R Y T P S Y H P B Q P G
N O E T X D X L S I J G K B D J
A W S P E L W D N R N D U R Y X
D D G L U O N T V Q N B B O L W
R V L W R R E N Y J D K Z K O E
O A R K L R P P K M T T G N V Q
C J S G C Q B O P W M R K O M T
C B P E W K J D S L I M L R D Y
A N D J Q D V X J E X L G B D T
J E K N O Z G Z V Z M D L K V L
S Q K G L W K P D T K D L Z N R
```

We do not know what we <u>ought</u> to <u>pray</u> for, but the <u>Spirit</u> himself <u>intercedes</u> for us through <u>wordless</u> <u>groans</u>. And he who <u>searches</u> our <u>hearts</u> knows the <u>mind</u> of the Spirit, because the Spirit intercedes for God's people in <u>accordance</u> with the <u>will</u> of God.

And we <u>know</u> that in all things <u>God</u> <u>works</u> for the <u>good</u> of those who <u>love</u> him, who have been <u>called</u> according to his <u>purpose</u>.

OUGHT	ACCORDANCE
PRAY	WILL
SPIRIT	KNOW
INTERCEDES	GOD
WORDLESS	WORKS
GROANS	GOOD
SEARCHES	LOVE
HEARTS	CALLED
MIND	PURPOSE

Romans 8:31b-32

```
T  S  N  I  A  G  A  W  X  G
W  I  T  H  H  O  L  D  N  Z
J  N  D  T  N  P  Q  I  R  Z
T  T  D  O  G  Q  H  O  B  M
N  B  N  G  T  T  F  L  N  Q
J  O  M  W  Y  Y  M  W  L  W
E  N  T  R  O  G  G  Y  T  A
S  J  E  O  Y  S  A  I  W  G
L  V  H  B  O  L  Y  V  V  T
E  W  M  N  M  T  R  D  E  E
```

If <u>God</u> is <u>for</u> us, <u>who</u> is <u>against</u> us? He who did <u>not</u> <u>withhold</u> his <u>own</u> Son, but <u>gave</u> him up for <u>all</u> of us, will he not with him also <u>give</u> us <u>everything</u> <u>else</u>?

GOD	SON
FOR	GAVE
WHO	ALL
AGAINST	GIVE
NOT	EVERYTHING
WITHHOLD	ELSE
OWN	

Romans 8:38-39

```
D  T  S  I  R  H  C  H  T  A  E  D  J
E  C  H  T  P  E  D  X  J  E  S  U  S
C  P  R  G  R  E  H  T  I  E  N  Q  D
N  Y  O  E  X  S  E  L  P  Q  A  L  Y
I  D  P  R  A  F  N  A  O  N  B  L  K
V  P  R  E  I  T  R  O  G  V  H  R  P
N  O  E  L  R  A  I  E  M  E  E  M  V
O  W  S  R  T  U  L  O  I  E  J  M  P
C  E  E  E  R  S  T  G  N  V  D  M  Y
W  R  N  L  J  T  H  U  L  O  R  D  Y
P  S  T  Y  J  T  N  Y  F  L  D  R  N
```

For I am <u>convinced</u> that <u>neither</u> <u>death</u> nor <u>life</u>, neither <u>angels</u> nor <u>demons</u>, neither the <u>present</u> nor the <u>future</u>, nor any <u>powers</u>, neither <u>height</u> nor <u>depth</u>, nor anything else in all <u>creation</u>, will be able to <u>separate</u> us from the <u>love</u> of <u>God</u> that is in <u>Christ</u> <u>Jesus</u> our <u>Lord</u>.

CONVINCED	HEIGHT
NEITHER	DEPTH
DEATH	CREATION
LIFE	SEPARATE
ANGELS	LOVE
DEMONS	GOD
PRESENT	CHRIST
FUTURE	JESUS
POWERS	LORD

Romans 12:11-12

```
N L N S Q F Y L L D J
O G A N E Z E U L X J
I V L U R R F R L N R
T Z P N T H V A V E Y
C P V R T I C I V O K
I L A I A K R E N J R
L U A T I Y N I L G R
F F M N I L E A P H R
F Y G W O E E R O S K
A O Z R Z Z N P E E K
T J D R R N E T Z T V
```

Never be *lacking* in *zeal*, but *keep*
your *spiritual* fervor, *serving* the *Lord*.
Be *joyful* in *hope*, *patient* in *affliction*,
faithful in *prayer*.

NEVER	LORD
LACKING	JOYFUL
ZEAL	HOPE
KEEP	PATIENT
SPIRITUAL	AFFLICTION
FERVOR	FAITHFUL
SERVING	PRAYER

Romans 15:4

```
T N E M E G A R U O C N E
H B Z D Y R W Z D N S D Y
A E M R T R T L P E D B K
V P K D I H P M R Y B Z G
E O R T X R R U M E N N D
Z H T J O L T O C T I L L
N E R V D P T N U H B D J
N M I W I A A E T G T K K
N D I R U R X Y A S H P D
E X C G U R R Q A C Y L R
T S H D H E V P V T H Z M
N T N D V T Z Y P Y D M Z
N E D E X V P G Y L L R X
```

For <u>everything</u> that was <u>written</u> in the <u>past</u> was written to <u>teach</u> us, so that <u>through</u> the <u>endurance</u> <u>taught</u> in the <u>Scriptures</u> and the <u>encouragement</u> they <u>provide</u> we <u>might</u> <u>have</u> hope.

EVERYTHING	SCRIPTURES
WRITTEN	ENCOURAGEMENT
PAST	PROVIDE
TEACH	MIGHT
THROUGH	HAVE
ENDURANCE	HOPE
TAUGHT	

1 Corinthians 10:13b

```
A D R L J R Z X G G M B M
L D E B L U F H T I A F E
S O W T N W Q P Q N P D L
O G J H S Y P R P Q I L D
T V R N T E O D D V I J L
N R Y Y N G T U O W M T L
B E Y O N D N R R A T M R
E B K T V Z P E W N B E G
P R T V R D Y A R T Y L L
T R U B W N Y M J T U J E
D M Z D X Z Q N D K S O D
D M L W N W J B J Q N M Y
B Y D N K E J L G L D W V
```

God is _faithful_, and he will not _let_ you be _tested_ _beyond_ _your_ _strength_, but with the testing he _will_ _also_ _provide_ the _way_ _out_ so that you may be _able_ to _endure_ it.

GOD	WILL
FAITHFUL	ALSO
LET	PROVIDE
TESTED	WAY
BEYOND	OUT
YOUR	ABLE
STRENGTH	ENDURE

1 Corinthians 15:58

```
X V R B D L R G G R L P
Y O U R S E L V E S J Q
Q B P O R Q L Y D N R G
D D M T W N Z N O A B T
B N G H M N A T E M T R
T Q I E Z T H D K R Z L
P R V R S I S T E R S J
F J E S N Y L X D V O K
J U Y G A W N A F R O W
N Y L W Q B O I B Y O M
W M L L V K R N A O Z L
L A G B Y M M N K V R Y
```

Therefore, my <u>dear</u> <u>brothers</u> and <u>sisters</u>, <u>stand</u> <u>firm</u>. Let <u>nothing</u> <u>move</u> you. <u>Always</u> <u>give</u> <u>yourselves</u> <u>fully</u> to the <u>work</u> of the <u>Lord</u>, because you <u>know</u> that your <u>labor</u> in the Lord is not in <u>vain</u>.

DEAR	GIVE
BROTHERS	YOURSELVES
SISTERS	FULLY
STAND	WORK
FIRM	LORD
NOTHING	KNOW
MOVE	LABOR
ALWAYS	VAIN

1 Corinthians 16:13-14

```
C O U R A G E O U S
K T L T N T R E L A
E M S O Y V Y T T Q
E X R T H T I A F D
P T P D A B D I Y K
S R O E Z N R L L A
Q N U V T M D J P T
E W M O M B Y Z J M
D D Z L Y Y Z Z X P
```

Keep alert, stand firm in your faith, be courageous, be strong. Let all that you do be done in love.

KEEP

ALERT

STAND

FIRM

YOUR

FAITH

COURAGEOUS

STRONG

ALL

DONE

LOVE

2 Corinthians 1:3-5

```
S A B O U N D S M C Y L J
E M Y M N S H Z O L R N L
L L M Q U G E M T R Z L D
B X P S U V P N W B N R N
U M E O I A A E S I A R P
O J R E S D T R O F M O C
R H C S N E M W A M R N X
T E I U R J D T S I R H C
R O B A G G H R L Y J L Y
N A H J N E O K O Y R N J
Y S L Y R M P D L L B T Y
```

Praise be to the *God* and *Father* of our *Lord* *Jesus* *Christ*, the Father of *compassion* and the God of all *comfort*, who comforts us in all our *troubles*, so that we can comfort those in any trouble with the comfort we ourselves *receive* from God. For just as we *share* *abundantly* in the sufferings of Christ, so also our comfort *abounds* *through* Christ.

PRAISE
GOD
FATHER
LORD
JESUS
CHRIST
COMPASSION

COMFORT
TROUBLES
RECEIVE
SHARE
ABUNDANTLY
ABOUNDS
THROUGH

2 Corinthians 1:21-22

```
G A C O M E G K R N Y V J R
U N N R T N Z B M M D L Y Q
A S J O R N L N X M P K S Z
R E D Y I W Q B N I L P D W
A K B N L N D B H G I G P V
N A K V A V T S T R T Q O Q
T M Q Y V T R E I S T A P D
E J R B G E S T D D I B H S
E L Y T N S Y D E R O R E W
I F W W B B T P D T L A H Q
N I O T Q R O R H Y L W M C
G R R R M S L L A M T O T Z
Q M X N I Y B N T E V N L L
R Q L T Y X P L Y N H Z Y Q
```

Now it is God who makes both us and you stand firm in Christ. He anointed us, set his seal of ownership on us, and put his Spirit in our hearts as a deposit, guaranteeing what is to come.

NOW	SEAL
GOD	OWNERSHIP
MAKES	SPIRIT
BOTH	HEARTS
STAND	DEPOSIT
FIRM	GUARANTEEING
CHRIST	WHAT
ANOINTED	COME

2 Corinthians 3:10-11

```
N G S T S A L N R H Y Z
O S N R G G O E C R L P
S U Y I D W T U O T T L
I O L P S A M T W H A T
R I R W E S I D C K W P
A R T R V S A I R O L K
P O G D N Z H P H M B N
M L T A L W C B R P T N
O G R T N T D A B U B N
C T T N L Y M W M T S R
P J Y N P M K L X E X G
```

For <u>what</u> was <u>glorious</u> has no glory <u>now</u> in <u>comparison</u> with the <u>surpassing</u> glory. And if what was <u>transitory</u> <u>came</u> with glory, <u>how</u> <u>much</u> <u>greater</u> is the glory of that <u>which</u> <u>lasts</u>!

WHAT	CAME
GLORIOUS	HOW
NOW	MUCH
COMPARISON	GREATER
SURPASSING	WHICH
TRANSITORY	LASTS

2 Corinthians 4:8-9

```
D E Y O R T S E D P
D E T U C E S R E P
P Z N N K C U R T S
R R O O E Y P R C R
I T E D D L D R N E
A K I S E N U O V N
P S J X S S A E W D
S M E J H E R B R N
E D L E L Y D A A D
D Y D Q K J H M J X
```

We are <u>hard</u> <u>pressed</u> on <u>every</u> <u>side</u>,
but <u>not</u> <u>crushed</u>; <u>perplexed</u>, but not in
<u>despair</u>; <u>persecuted</u>, but not <u>abandoned</u>;
<u>struck</u> <u>down</u>, but not <u>destroyed</u>.

HARD	DESPAIR
PRESSED	PERSECUTED
EVERY	ABANDONED
SIDE	STRUCK
NOT	DOWN
CRUSHED	DESTROYED
PERPLEXED	

2 Corinthians 4:16-17

```
Y Y A T R O U B L E S
Y A V C T D W F Y Y O
T D W H H A R R A U X
T H G A S I A A T R D
L I E T R T E W W R B
L A I R N E E V A N G
H N N E E I N W I G I
G E M R G F T E L N L
L O A H E U O O W O G
M L S R O T R R S E W
R L A Y T Y E E E N D
```

Therefore we do not lose heart. Though outwardly we are wasting away, yet inwardly we are being renewed day by day. For our light and momentary troubles are achieving for us an eternal glory that far outweighs them all.

THEREFORE	LIGHT
LOSE	MOMENTARY
HEART	TROUBLES
OUTWARD	ACHIEVING
WASTING	ETERNAL
AWAY	GLORY
INWARD	FAR
RENEWED	OUTWEIGHS
DAY	ALL

2 Corinthians 5:1

```
G N I D L I U B D
Y H T N E T Z E E
L O M K L B Y T H
H U S I E O E E D
T S V D R R A E W
R E A T N V V O K
A M S A E A N T G
E E L N H K H O J
D Q S R L M D W L
```

For we <u>know</u> that if the <u>earthly</u> <u>tent</u> we <u>live</u> in is <u>destroyed</u>, we <u>have</u> a <u>building</u> from <u>God</u>, a <u>house</u> not <u>made</u> with <u>hands</u>, <u>eternal</u> in the <u>heavens</u>.

KNOW	GOD
EARTHLY	HOUSE
TENT	MADE
LIVE	HANDS
DESTROYED	ETERNAL
HAVE	HEAVENS
BUILDING	

2 Corinthians 5:17-18

```
G S H A N Y O N E D
L N E G Z E B G E D
M L I E U E V L O N
C I A H C O I I O D
H Y N O T C R I G D
R A M I N Y T H E Z
I E W O S A R S T W
S D C A E T S E E K
T E L R Y A R N V Z
R L C O P V X Y M E
```

*So if <u>anyone</u> is in <u>Christ</u>, there is a <u>new</u>
<u>creation</u>: <u>everything</u> old has <u>passed</u>
<u>away</u>; <u>see</u>, everything has <u>become</u> new!
<u>All</u> this is from <u>God</u>, who <u>reconciled</u> us to
himself <u>through</u> Christ, and has <u>given</u> us
the <u>ministry</u> of reconciliation.*

ANYONE	SEE
CHRIST	BECOME
NEW	ALL
CREATION	GOD
EVERYTHING	RECONCILED
OLD	THROUGH
PASSED	GIVEN
AWAY	MINISTRY

2 Corinthians 13:11

```
S R G O D R M N R T G G
I E Y Y L Y N I R L R N
S H R K S E E R N E M D
T T V T V R E C S D E R
E O K I E J E T A G B L
R N L N O V O H A E T D
S A O I I R L R T P P M
W J C R A L U L E O M D
I E T T G O O A U T R L
T S I M C T C V R F D B
H O M N L E Q R E V J D
N B E L Z G G Z W T B Z
```

Finally, *brothers* and *sisters*, *rejoice!* *Strive* for *full* *restoration*, *encourage* one *another*, be of *one* *mind*, *live* in *peace*. And the *God* of *love* and *peace* will be *with* you.

BROTHERS	ONE
SISTERS	MIND
REJOICE	LIVE
STRIVE	PEACE
FULL	GOD
RESTORATION	LOVE
ENCOURAGE	PEACE
ANOTHER	WITH

Ephesians 2:19-20

```
F V A T P Q Y L I M A F
O C P S V R D J E L T M
U R O I M O O M B O Q H
N L S R G D B P G G O Q
D J T H N E M E H U R F
A Y L C R E T J S E L Q
T X E S L H R E J E T B
I M S N E Q S S D U S
O M Y R M Z N M T I R T
N J E S U S I R L O Y X
Y L T L M H M T Z K N G
N M X N Z G N T T L K E
```

You are <u>members</u> of <u>God's</u> <u>family</u>. <u>Together</u>, we are his <u>house</u>, <u>built</u> on the <u>foundation</u> of the <u>apostles</u> and the <u>prophets</u>. And the <u>cornerstone</u> is <u>Christ</u> <u>Jesus</u> <u>himself</u>.

MEMBERS

GOD

FAMILY

TOGETHER

HOUSE

BUILT

FOUNDATION

APOSTLES

PROPHETS

CORNERSTONE

CHRIST

JESUS

HIMSELF

Ephesians 3:16-17

```
R E S O U R C E S R L M Q W
G V N V E W W L M T W J Z W
N T L N W T M K Z T J G Y S
O W N U H T G N E R T S U X
R I O N N L Q L T T T O G C
T Y X R K L Y T Y R I Z H J
S T R Q G T I A I R U R P R
E M P O W E R M O R I S O T
G M S T Y P Y L I S I O T H
T R R T J T G J T T T P O J
E V O L R N Q B Y S E M S Q
B Z Y T J A Y Q R V E D N G
Q T Y J N Y E M D J X D V G
M L J D J D T H J X B B P T
```

I pray that from his glorious, unlimited resources he will empower you with inner strength through his Spirit. Then Christ will make his home in your hearts as you trust in him. Your roots will grow down into God's love and keep you strong.

PRAY	CHRIST
GLORIOUS	HOME
UNLIMITED	HEARTS
RESOURCES	TRUST
EMPOWER	ROOTS
INNER	GROW
STRENGTH	LOVE
SPIRIT	STRONG

Ephesians 3:18-19

```
C W M E D O G P Z L H D V E
H X G R C R B L M I Z D F S
R M N D U N W Y G M E I S L
I K P M N I E H E E L E T Y
S D G G C N I P V N L Q Q
T N Z E E K O P R L O P T R
T M Y W R C J M L E X L P D
L B Y Z S M O U P M P D T P
G R E A T Q F M V L L X O V
B N R L A D D W E Y E W E D
N V O Z N Z N G N S E T L R
K D B L D J R N R R K P E G
```

And may you have the power to understand, as all God's people should, how wide, how long, how high, and how deep his love is. May you experience the love of Christ, though it is too great to understand fully. Then you will be made complete with all the fullness of life and power that comes from God.

POWER	CHRIST
UNDERSTAND	GREAT
WIDE	COMPLETE
LONG	FULLNESS
HIGH	LIFE
DEEP	COMES
LOVE	GOD
EXPERIENCE	

Ephesians 4:3-6

```
H F B O D Y U H S W D
G A W G T N Z P O N D
U T R X I R I K O P P
O H T T R R O B E E E
R E Y N I T B F A E M
H R J T D A Y C F D P
T G H X P E E D R E O
J O T T Y Z L O Y V N
B D I J K M L L E R X
K S A N D J T R A Y G
M R F L Q R D B D C D
```

Make every __effort__ to __keep__ the __unity__ of the __Spirit__ through the __bond__ of __peace__. There is one __body__ and one Spirit, just as you were __called__ to one __hope__ when you were called; one __Lord__, one __faith__, one __baptism__; one __God__ and __Father__ of all, who is __over__ all and __through__ all and in all.

EFFORT	HOPE
KEEP	LORD
UNITY	FAITH
SPIRIT	BAPTISM
BOND	GOD
PEACE	FATHER
BODY	OVER
CALLED	THROUGH

Ephesians 4:14-15

```
E R U T A M B L O W N
S S E N I T F A R C N
G M I E D T D G N T L
Y N V N S E N N R Y V
H O I I F I S U I B P
L T R H K A T S W W J
G H R A C H N A O K T
C R E O E A V T C T B
V P O A F E E A S V T
S B D W S K B T N V D
```

Then we will no longer be _infants_, _tossed_ _back_ and _forth_ by the _waves_, and _blown_ here and there by every _wind_ of _teaching_ and by the cunning and _craftiness_ of people in their deceitful scheming. Instead, _speaking_ the _truth_ in _love_, we will _grow_ to become in every respect the _mature_ body of him who is the _head_, that is, _Christ_.

INFANTS	CRAFTINESS
TOSSED	SPEAKING
BACK	TRUTH
FORTH	LOVE
WAVES	GROW
BLOWN	MATURE
WIND	HEAD
TEACHING	CHRIST

Ephesians 5:8-10

```
C D N U O F E S G Y
E H Y L T V S O P M
U P I H I E O L W T
R N G L N D E T R Y
T I F K D A N L Z Y
R O R R S R I I D T
L A N I U G E R F N
D O N C H I O N N L
W G R T E L T R L M
```

For <u>once</u> you were <u>darkness</u>, but <u>now</u> in the <u>Lord</u> you are <u>light</u>. <u>Live</u> as <u>children</u> of light—for the <u>fruit</u> of the light is <u>found</u> in all that is <u>good</u> and <u>right</u> and <u>true</u>. <u>Try</u> to <u>find</u> out what is <u>pleasing</u> to the Lord.

ONCE	FOUND
DARKNESS	GOOD
NOW	RIGHT
LORD	TRUE
LIGHT	TRY
LIVE	FIND
CHILDREN	PLEASING
FRUIT	

Ephesians 6:13

```
T G Y M E N E L I V E
E H N T E A R M O R D
L T E I J V P G R D Z
T X Z R D R E Q G Z Z
T L D E E N T R O D Y
A F L S P F A D Y K J
B B I I A Y O T I M E
A S E R T Y T R S L G
T C L K M S U Y E R T
E T B N T L P P D T W
```

Therefore, put on every piece of God's armor so you will be able to resist the enemy in the time of evil. Then after the battle you will still be standing firm.

THEREFORE	ENEMY
PUT	TIME
EVERY	EVIL
PIECE	AFTER
GOD	BATTLE
ARMOR	STILL
ABLE	STANDING
RESIST	FIRM

Philippians 2:14-16a

```
G N I U G R A R S N B K Z
O T L B D Z L Y O H N J B
D J B B W L D I G D I T X
K M X L Y Q T R E W L N Y
C L N D A A U K B U O L E
R H D P R M O Y A D M R W
M B I E B O E F R R Z A D
V B N L R K Y L I K R N S
T E I C D D J F E P M T J
G N D N E R U P E S A Y L
G D L S K Y E D G R S I X
T R O M X V D N S N F B Y
Z N H N W R D T T E D K N
```

Do everything without <u>grumbling</u> or <u>arguing</u>, so that you may become <u>blameless</u> and <u>pure</u>, "<u>children</u> of <u>God</u> without <u>fault</u> in a <u>warped</u> and <u>crooked</u> <u>generation</u>." Then you will <u>shine</u> among them like <u>stars</u> in the <u>sky</u> as you <u>hold</u> <u>firmly</u> to the <u>word</u> of <u>life</u>.

GRUMBLING
ARGUING
BLAMELESS
PURE
CHILDREN
GOD
FAULT
WARPED
CROOKED

GENERATION
SHINE
STARS
SKY
HOLD
FIRMLY
WORD
LIFE

Philippians 3:13b-14

```
F R E C E I V E D K T
Y O H T J X D Z W B N
L N R E P R E S S X D
Z J S G A C S U C O F
G U C W E V H T S A P
S N R A D T E R D J N
E O I E L A T N I N Y
F Z C K A L E I L S E
K A I D O C I H N Y T
R B O R M O H N A G Q
Y G V N P W L L G T Q
```

I <u>focus</u> on this one thing: <u>Forgetting</u> the <u>past</u> and <u>looking</u> <u>forward</u> to what lies <u>ahead</u>, I <u>press</u> on to <u>reach</u> the <u>end</u> of the <u>race</u> and <u>receive</u> the <u>heavenly</u> prize for which <u>God</u>, through <u>Christ</u> <u>Jesus</u>, is <u>calling</u> us.

FOCUS
FORGETTING
PAST
LOOKING
FORWARD
AHEAD
PRESS
REACH
END

RACE
RECEIVE
HEAVENLY
PRIZE
GOD
CHRIST
JESUS
CALLING

Philippians 3:20-21

```
M P I H S N E Z I T I C
G R T I A W A Y Y N Y L
L V O Z L P C L L M B J
O Y D F B O R H Z W T M
R W R T S E R S R H O Q
I Z R E G N E T E I S L
O R R A W L A A N E S M
U S E O B O V R I O T T
S D U A I E P D T W C V
Q R N S N V O T R D B L
J E M X E B A K P O G K
M J M V X J N S V R L J
```

But our <u>citizenship</u> is in <u>heaven</u>. And we <u>eagerly</u> <u>await</u> a <u>Savior</u> from there, the <u>Lord</u> <u>Jesus</u> <u>Christ</u>, who, by the <u>power</u> that <u>enables</u> him to bring everything under his <u>control</u>, will <u>transform</u> our <u>lowly</u> <u>bodies</u> so that they will be like his <u>glorious</u> body.

CITIZENSHIP
HEAVEN
EAGERLY
AWAIT
SAVIOR
LORD
JESUS
CHRIST

POWER
ENABLES
CONTROL
TRANSFORM
LOWLY
BODIES
GLORIOUS

Philippians 4:6-7

```
S  Y  R  S  P  G  Q  G  N  G  B  R  U
D  S  I  T  U  A  T  I  O  N  G  N  N
N  C  H  R  I  S  T  Y  Y  D  D  N  R
E  T  G  A  X  X  K  N  A  E  J  B  R
C  M  N  E  L  V  Y  N  R  T  W  E  Y
S  I  Q  H  V  J  X  S  N  N  Q  D  Z
N  N  O  I  T  I  T  E  P  U  Q  J  Y
A  D  B  J  O  A  S  R  E  Y  A  R  P
R  S  R  U  N  E  G  S  J  C  E  Q  Z
T  Z  S  D  R  U  T  E  T  V  A  L  J
N  Y  I  P  A  S  S  L  E  R  L  E  M
Z  N  K  R  K  U  Y  J  Q  B  Y  J  P
G  R  D  Q  S  Y  Z  K  N  G  B  J  R
```

Do not be <u>anxious</u> about anything, but in <u>every</u> <u>situation</u>, by <u>prayer</u> and <u>petition</u>, with thanksgiving, <u>present</u> your <u>requests</u> to <u>God</u>. And the <u>peace</u> of God, which <u>transcends</u> all <u>understanding</u>, will <u>guard</u> your <u>hearts</u> and your <u>minds</u> in <u>Christ</u> <u>Jesus</u>.

ANXIOUS
EVERY
SITUATION
PRAYER
PETITION
PRESENT
REQUESTS
GOD

PEACE
TRANSCENDS
UNDERSTANDING
GUARD
HEARTS
MINDS
CHRIST
JESUS

Philippians 4:8b-9

```
N Y N J B T P R A I S E B Z
Q D D G V E N T Z X B V G B
N K L Y L L T E I Y P K K J
Y B T H B B G F L L P L N T
E C I T C A R P M L M U T D
H T Y R D R Y B T B E H R R
X O R O M I D L L N O C E E
B T N W X M R B E U G C X T
L M D O K D M R G V E R H E
Z O T P R A L H V I O G B E
G N N E N A T P V J I L U L
W N L A Y S B E L R J R G R
L D B C Y L D L N L T X Z X
L Y T E Y V M M E L B M P Z
```

Fix your thoughts on what is true, and honorable, and right, and pure, and lovely, and admirable. Think about things that are excellent and worthy of praise. Keep putting into practice all you learned and received from me—everything you heard from me and saw me doing. Then the God of peace will be with you.

FIX
THOUGHTS
TRUE
HONORABLE
RIGHT
PURE
LOVELY
ADMIRABLE

EXCELLENT
WORTHY
PRAISE
PRACTICE
RECEIVED
GOD
PEACE

Philippians 4:12-13

```
S C O N T E N T N Y K J
T Z M D D S N O R L X N
R H E T E A I E L W L L
E E R C W T V E O D E F
N H R O A E A N Y L T T
G E U U U R K T L G T J
T I T N N G N A N J R N
H I V E G E H I M L J B
S Q D E L R E Q W K M T
X D B P S B Y R L R R T
```

I <u>know</u> what it is to be in <u>need</u>, and I know what it is to have <u>plenty</u>. I have <u>learned</u> the <u>secret</u> of <u>being</u> <u>content</u> in any and <u>every</u> <u>situation</u>, whether well <u>fed</u> or <u>hungry</u>, whether living in plenty or in <u>want</u>. I can do <u>all</u> this <u>through</u> him who <u>gives</u> me <u>strength</u>.

KNOW	SITUATION
NEED	FED
PLENTY	HUNGRY
LEARNED	WANT
SECRET	ALL
BEING	THROUGH
CONTENT	GIVES
EVERY	STRENGTH

Colossians 1:6

```
E D M K B D D R B B X K
G V D O O T S R E D N U
C X E J Q N N T C L V Z
B H P R E Y S E U A D J
E F A W Y R H F C R M N
A R S N I W R T A A Y E
R U S F G E H E U L R M
I I L E D I H E G R W G
N T D N V N N P R O T N
G M O B M I N G R E O N
Q W B R D Z L L L D K D
B M Z J N N D Y G Z T M
```

This same Good News that came to you is going out all over the world. It is bearing fruit everywhere by changing lives, just as it changed your lives from the day you first heard and understood the truth about God's wonderful grace.

GOOD
NEWS
CAME
WORLD
BEARING
FRUIT
EVERYWHERE
CHANGING

LIVES
FIRST
HEARD
UNDERSTOOD
TRUTH
WONDERFUL
GRACE

Colossians 1:13-14

```
F O R G A V E S N I S L X G
M R Q N V T F M O K D K X Y
M D B R O R D D S E I J L M
Z L T U E X M R S N T V W X
G V R E D M E A G R M T L S
J V D Q M S H D A M Q Q S Z
Y O N L C C O N F X P E B J
M D T U R M S O P R N Z X L
M V E U J F B R T K O Y Z L
Q D P Z E M B D R N D M J N
L B P R J L G A K D I Y B D
G Z R R G G D B K Z E J Z N
W E Q Y D D Q J N Z R A Y D
D Z N X B T K R M R X V R B
```

For he has <u>rescued</u> us <u>from</u> the <u>kingdom</u> of <u>darkness</u> and <u>transferred</u> us <u>into</u> the Kingdom of his <u>dear</u> Son, who <u>purchased</u> <u>our</u> <u>freedom</u> and <u>forgave</u> our <u>sins</u>.

RESCUED	SON
FROM	PURCHASED
KINGDOM	OUR
DARKNESS	FREEDOM
TRANSFERRED	FORGAVE
INTO	SINS
DEAR	

Colossians 1:17-18

```
X S C H U R C H N M W K
T G G M W N M L L Y F D
Y B N N M D P B D I Y E
C E G I I N L O R A V Q
A F R N N H B S L E E R
M O L N Y N T P R B E D
E R V P L B I Y P H L D
R E Y L O L T G T J L V
P V J R H H L E E O T T
U G N Y I E G A H B M D
S Y J N L O A Q Y T M L
B R G T T L J D K Y B X
```

He is <u>before</u> <u>all</u> <u>things</u>, and in him all things <u>hold</u> <u>together</u>. And he is the <u>head</u> of the <u>body</u>, the <u>church</u>; he is the <u>beginning</u> and the <u>firstborn</u> from among the <u>dead</u>, so that in <u>everything</u> he might have the <u>supremacy</u>.

BEFORE	CHURCH
ALL	BEGINNING
THINGS	FIRSTBORN
HOLD	DEAD
TOGETHER	EVERYTHING
HEAD	SUPREMACY
BODY	

Colossians 2:6-7

```
T R G N L H M A T W D Y Y T
W H K R T G C S U S E J T L
W N A U O C M J K B Y G Q N
R O R N E W X G D N M T X J
G T L P K C O N T I N U E X
D N T L H F W O L F R E V O
R E O R O T U T M X W N M G
D O I R S F I L L Q P R G J
B S O E T D N A N I W Q V R
T G V T O S M L F E U M Y V
N I N W S L O R D T S B P V
L Y N Y J Q R R M M K S B N
```

And now, just as you _accepted_ _Christ_ _Jesus_ as your _Lord_, you must _continue_ to _follow_ him. Let your _roots_ _grow_ _down_ into him, and let your _lives_ be _built_ on him. Then your _faith_ will grow _strong_ in the _truth_ you were taught, and you will _overflow_ with _thankfulness_.

ACCEPTED	DOWN
CHRIST	LIVES
JESUS	BUILT
LORD	FAITH
CONTINUE	STRONG
FOLLOW	TRUTH
ROOTS	OVERFLOW
GROW	THANKFULNESS

Colossians 3:16

```
S L L Z T H A N K F U L
S E I A D J C G O D S L
E M V V U L H Q D M L K
N E Y I E T R V L I L W
H S L M G S I A F S K M
C S E W K T S R T N B V
I A S T I P T R I V Q H
R G N E V S A S Q P Y K
T E U A J E D B I M S K
Z R O C H Q W O N N G X
J G C H M M Q S M G G Q
```

Let the message about Christ, in all its richness, fill your lives. Teach and counsel each other with all the wisdom he gives. Sing psalms and hymns and spiritual songs to God with thankful hearts.

MESSAGE	GIVES
CHRIST	SING
RICHNESS	PSALMS
FILL	HYMNS
LIVES	SPIRITUAL
TEACH	GOD
COUNSEL	THANKFUL
WISDOM	HEARTS

2 Thessalonians 2:16-17

```
D E Q Z H B S E D W O R D
E R C O W T V O D N S V J
V R P A R E G O E T X D T
O E N A R C O N R S Q B W
L R E Y H G C E U D E E D
Y H E R Z O N S G Z D K Z
T V I H U G E T E R N A L
P S N R T J L G R M Z Y M
T Q A H N A P O A J M D Z
Z G E M P B F N R V J W W
E N N Z G N M D Z D E D M
```

May our Lord Jesus Christ himself and God our Father, who loved us and by his grace gave us eternal encouragement and good hope, encourage your hearts and strengthen you in every good deed and word.

LORD
JESUS
CHRIST
GOD
FATHER
LOVED
GRACE
GAVE
ETERNAL

GOOD
HOPE
ENCOURAGE
HEARTS
STRENGTHEN
EVERY
DEED
WORD

2 Timothy 1:6-7

```
N R T Z W M B X Q W T T
Z D E J W M G N T P L R
F K I M P N J Q B M K P
T L N S I H A N D S O D
I Y A Y C N T B B W O B
M G A M F I D K E G L T
I L I A E R P R Y V I Q
D B N F E D E L D R A K
Q Q D V T V W A I Q L G
N D O V Z J R P S N L W
R L N B P P S B V O E B
Y D J B Q B D X G T N T
```

For this <u>reason</u> I <u>remind</u> you to <u>fan</u> into <u>flame</u> the <u>gift</u> of <u>God</u>, which is in you through the <u>laying</u> on of my <u>hands</u>. For the <u>Spirit</u> God <u>gave</u> us does not make us <u>timid</u>, but gives us <u>power</u>, <u>love</u> and self-<u>discipline</u>.

REASON	HANDS
REMIND	SPIRIT
FAN	GAVE
FLAME	TIMID
GIFT	POWER
GOD	LOVE
LAYING	DISCIPLINE

2 Timothy 1:9

```
D N V Q M N N B T R T R D Y V
B S D D M J G Q J Q M E R M G
E E A X L D N M H O L Y E N E
Z C F V J T I J W L T F I S P
T G A O E B N L A O I H U U D
S I P R R D N C W L T A R O B
I V L Q G E I N Y Y C P N Z D
R E M I T B G L N E O E M T M
H N B N R D E A B S J E S U S
C R W R Y D B K E Z L N B M M
```

He has <u>saved</u> us and <u>called</u> us to a <u>holy</u> <u>life</u>—not <u>because</u> of <u>anything</u> we have <u>done</u> but because of his <u>own</u> <u>purpose</u> and <u>grace</u>. This <u>grace</u> was <u>given</u> us in <u>Christ</u> <u>Jesus</u> <u>before</u> the <u>beginning</u> of <u>time</u>.

SAVED	PURPOSE
CALLED	GRACE
HOLY	GIVEN
LIFE	CHRIST
BECAUSE	JESUS
ANYTHING	BEFORE
DONE	BEGINNING
OWN	TIME

Hebrews 3:4, 6

```
G C O U R A G E D L
T N E D I F N O C N
C X I T E C G R O E
E H L H H S E S R L
N R A R T D U I V N
O H I R L Y T O I Y
N S O I G N R A H P
T W U P E E M E E B
X B N K E E N E V T
J Q Y G R W K W Q E
```

For every house has a builder, but the one who built everything is God. But Christ, as the Son, is in charge of God's entire house. And we are God's house, if we keep our courage and remain confident in our hope in Christ.

HOUSE	CHARGE
BUILDER	ENTIRE
ONE	KEEP
EVERYTHING	COURAGE
GOD	REMAIN
CHRIST	CONFIDENT
SON	HOPE

Hebrews 4:15-16

```
W G R A C I O U S G S
E B Y N D P R G N D X
A O C L V D N H N R E
K L R X T I T A I N R
N D E D T S T R O G P
E L M S E S E R Q L H
S Y E D R C H I E M T
S T E E E T A H R S G
D E D I M S Q F O P G
N N V X O B I M B O L
U E R K C D T N D W Y
```

This *High Priest* of ours *understands* our *weaknesses*, for he *faced* all of the same *testings* we do, yet he did not *sin*. So let us *come* *boldly* to the *throne* of our *gracious* God. There we will *receive* his *mercy*, and we will find grace to *help* us when we *need* it *most*.

HIGH
PRIEST
UNDERSTANDS
WEAKNESS
FACED
TESTINGS
SIN
COME
BOLDLY

THRONE
GRACIOUS
GOD
RECEIVE
MERCY
HELP
NEED
MOST

Hebrews 6:19-20

```
R X N G Y R N F H G I H J
E F L A H E B R I G V D X
N C U R T A I N D R T K N
N S A N C T U A R Y M K V
U R L R V S N P R M D B L
R T E R S C R T L N Z M B
E S R V H E R E I H O P E
R E U O E E C H T L U O S
O I R S N R E U D N T Q D
F R V N E B O M R T E B R
D P I B L J P F L E Z T Z
```

We have this _hope_ as an _anchor_ for the _soul_, _firm_ and _secure_. It _enters_ the _inner_ _sanctuary_ _behind_ the _curtain_, where our _forerunner_, _Jesus_, has entered on our _behalf_. He has become a _high_ _priest_ _forever_, in the order of Melchizedek.

HOPE	BEHIND
ANCHOR	CURTAIN
SOUL	FORERUNNER
FIRM	JESUS
SECURE	BEHALF
ENTERS	HIGH
INNER	PRIEST
SANCTUARY	FOREVER

Hebrews 10:22-23

```
D P N H K W D V F E B Q K T
E B R Y O R L A C T M E W D
L O L O A P I N Y Y C N J J
K D L W M T E E N N J S T B
N I U D H I S Q A E S D O G
I E F F C N S R R E A R V V
R S U S A W U E F P U R E D
P L N E A S C O D D M Y N Y
S O L T S N R W A S H E D V
C C E A I P T R A E H M R T
Y R K S G M N L R Y P T D M
```

Let us <u>draw</u> <u>near</u> to <u>God</u> with a <u>sincere</u> <u>heart</u> and with the <u>full</u> <u>assurance</u> that faith brings, having our hearts <u>sprinkled</u> to <u>cleanse</u> us from a guilty <u>conscience</u> and having our <u>bodies</u> <u>washed</u> with <u>pure</u> <u>water</u>. Let us hold unswervingly to the <u>hope</u> we <u>profess</u>, for he who <u>promised</u> is <u>faithful</u>.

DRAW	CONSCIENCE
NEAR	BODIES
GOD	WASHED
SINCERE	PURE
HEART	WATER
FULL	HOPE
ASSURANCE	PROFESS
SPRINKLED	PROMISED
CLEANSE	FAITHFUL

Hebrews 10:35-36

```
C R E B M E M E R C Q
Z O L N D Y T L O W N
R Z N R D S G N L P Y
L B O T U U F R R I T
E L Z R I I R O E N W
S V T R D N M A E A W
G D I E E I U I N O T
N D N E S W T E R C Y
I T E E C A A H Y A E
R D D E P E T R W L R
B N B X N N R A D N L
```

So do not _throw_ _away_ this _confident_ _trust_ in the _Lord_. _Remember_ the _great_ _reward_ it _brings_ you! _Patient_ _endurance_ is what you _need_ now, so that you will _continue_ to do God's _will_. Then you will _receive_ all that he has _promised_.

THROW	BRINGS
AWAY	PATIENT
CONFIDENT	ENDURANCE
TRUST	NEED
LORD	CONTINUE
REMEMBER	WILL
GREAT	RECEIVE
REWARD	PROMISED

Hebrews 12:1b-2

```
E C N A R E V E S R E P
P E Y E S T R H P J H L
D I D W Y K H E A T L T
E E O E P Z R G I N J T
K D N N R F J A I S D X
R Y R O E U F E S R G R
A B X C R E D O S N Y B
M L T W C H R N I U J Y
P E M A N C T X E O S B
R G R R B U I P Y D O G
Y Y Z L D F R W D R P K
```

And let us _run_ with _perseverance_ the _race_ _marked_ out for us, _fixing_ our _eyes_ on _Jesus_, the _pioneer_ and _perfecter_ of _faith_. For the _joy_ set before him he _endured_ the _cross_, scorning its shame, and sat down at the _right_ _hand_ of the _throne_ of _God_.

RUN	FAITH
PERSEVERANCE	JOY
RACE	ENDURED
MARKED	CROSS
FIXING	RIGHT
EYES	HAND
JESUS	THRONE
PIONEER	GOD
PERFECTER	

James 3:17-18

```
S R E H T O F R U I T T
K J R Q S G O O D D V Z
E B B E M M Q N X J T W
D R E S U O E T H G I R
P D E J D L R T T S K W
S U N C O E S Z D T I D
D B R V N E E O B L E E
M L I E V I M D L L V P
P N E R M E S I T O E B
G R A I R D N N B A W Z
L H T C Y G E A C J T L
G L Y G N G P E X G T N
```

But the <u>wisdom</u> from <u>above</u> is first of all <u>pure</u>. It is also <u>peace</u> loving, <u>gentle</u> at all times, and <u>willing</u> to <u>yield</u> to <u>others</u>. It is full of <u>mercy</u> and the <u>fruit</u> of <u>good</u> <u>deeds</u>. It shows no favoritism and is always <u>sincere</u>. And those who are peacemakers will plant <u>seeds</u> of peace and reap a <u>harvest</u> of <u>righteous</u>ness.

WISDOM	MERCY
ABOVE	FRUIT
PURE	GOOD
PEACE	DEEDS
LOVING	SINCERE
GENTLE	SEEDS
WILLING	HARVEST
YIELD	RIGHTEOUS
OTHERS	

James 5:7-8

```
N R E M R A F L N R Y N X D
R E W S G M O T A E J Z T M
E D H D T R B I Z S A D J J
C T Y T D R N E T X M R R Z
E N L P G S A I T C X B L B
I E R R J N A E O A E T M J
V I A E T W E M H L L H T P
E T E C R M I R O B T W W D
S A Y I B N J V T R P O R C
M P D O G R E B A S J T G R
P D R U Q D Y E N B V W L R
R Y T S P Q W M J X D D B L
```

Be _patient_, therefore, _beloved_, until the _coming_ of the _Lord_. The _farmer_ _waits_ for the _precious_ _crop_ from the _earth_, being patient with it until it _receives_ the _early_ and the _late_ _rains_. You also must be patient. _Strengthen_ your _hearts_, for the coming of the Lord is _near_.

PATIENT	EARTH
BELOVED	RECEIVES
COMING	EARLY
LORD	LATE
FARMER	RAINS
WAITS	STRENGTHEN
PRECIOUS	HEARTS
CROP	NEAR

1 Peter 1:3-4

```
T Z M W R L I O P S M G N V
N O I T C E R R U S E R J Z
P N I N H E R I T A N C E N
R P H X J G Y S G R E A T W
A P Z E N E I Y C R E M J M
I E E I A R S H T R I B N K
S R V P H V D U F A T H E R
E I R C O R E R S E D A F D
L S B D O H Z N D O G W Y Z
W H V L V P P B Q J Q R Y Y
```

Praise be to the God and Father of our Lord Jesus Christ! In his great mercy he has given us new birth into a living hope through the resurrection of Jesus Christ from the dead, and into an inheritance that can never perish, spoil or fade. This inheritance is kept in heaven for you.

PRAISE

GOD

FATHER

LORD

JESUS

CHRIST

GREAT

MERCY

BIRTH

LIVING

HOPE

RESURRECTION

INHERITANCE

PERISH

SPOIL

FADE

HEAVEN

1 Peter 3:13-15

```
I  N  T  I  M  I  D  A  T  E  D
H  J  D  D  S  R  M  Y  Z  M  X
E  K  W  B  I  U  F  N  E  V  E
A  R  T  G  L  I  F  E  W  M  X
R  E  H  S  T  E  D  F  A  D  T
T  T  A  C  I  O  S  O  E  R  L
S  M  N  G  I  R  L  S  O  R  B
Q  A  R  N  E  O  H  M  E  G  N
S  N  G  A  R  R  Q  C  V  D  L
L  T  J  D  H  X  R  B  T  W  B
```

Now who will _harm_ you if you are _eager_ to do what is _good_? But _even_ if you do _suffer_ for _doing_ what is _right_, you are _blessed_. Do not _fear_ what they fear, and do not be _intimidated_, but in your _hearts_ _sanctify_ _Christ_ as _Lord_.

HARM	BLESSED
EAGER	FEAR
GOOD	INTIMIDATED
EVEN	HEARTS
SUFFER	SANCTIFY
DOING	CHRIST
RIGHT	LORD

1 Peter 5:6-7

```
S B M Z D L J L Y Y
D E J Y T Z Z M Y R
Z C V Y T E I X N A
E A T L H U X P Y G
D U S Y E U N A O Y
T S D E T S M D L W
E E C D R H R B E T
K M N A L A G U L R
M A I D S L C I O E
H Y T T L T A D M Y
```

Humble yourselves therefore under the mighty hand of God, so that he may exalt you in due time. Cast all your anxiety on him, because he cares for you.

HUMBLE	DUE
YOURSELVES	TIME
UNDER	CAST
MIGHTY	ALL
HAND	ANXIETY
GOD	BECAUSE
EXALT	CARES

1 Peter 5:10-11

```
N E T R O P P U S L Y K J
E K S L I T T L E L I H W
H S Z T Q C D R E T F A Q
T T U N A E H G R O M W D
G J J F L B L R R Z R T M
N R G L F A L E I E J N Y
E Y A R N E V I S S P L V
R C R R A E R T S O T G D
T G E O R C O E W H Y K D
S T O K L R E E D V Q K L
E G D D E G R Y P X L N B
```

And <u>after</u> you have <u>suffered</u> for a <u>little</u> <u>while</u>, the <u>God</u> of all <u>grace</u>, who has <u>called</u> you to his <u>eternal</u> <u>glory</u> in <u>Christ</u>, will himself <u>restore</u>, <u>support</u>, <u>strengthen</u>, and <u>establish</u> you. To him be the <u>power</u> <u>forever</u> and ever. Amen.

AFTER	GLORY
SUFFERED	CHRIST
LITTLE	RESTORE
WHILE	SUPPORT
GOD	STRENGTHEN
GRACE	ESTABLISH
CALLED	POWER
ETERNAL	FOREVER

2 Peter 1:3-4

```
X N P E M G Y E J N Y J
E E O V P R O D F G L P
V G W I G R L D O I R V
E D E L T B E O L O L E
R E R B Q P D C M Y S D
Y L K T E N U I I C N T
T W T N E N S R A O Z Q
H O G S A E I P R G U G
I N S L S T E V I O R S
N K L J O D U V I E C N
G K D L Y R E R A D M T
M B T J J N Y T E G L Y
```

His *divine power* has *given* us *everything* we need for a *godly life* through our *knowledge* of him who called us by his own *glory* and *goodness*. Through these he has given us his very *great* and *precious promises*, so that through them you may participate in the divine *nature*, having *escaped* the *corruption* in the world caused by *evil* desires.

DIVINE	GOODNESS
POWER	GREAT
GIVEN	PRECIOUS
EVERYTHING	PROMISES
GODLY	NATURE
LIFE	ESCAPED
KNOWLEDGE	CORRUPTION
GLORY	EVIL

2 Peter 3:8b-9

```
U P R O M I S E M L R D K
N K E E P I N G Y E A R S
D E W D Z A Q J P Y T Q B
E V W A N A T E D L R Z D
R E J D N A N I S L O W T
S R H Y A T S Y E V L G V
T Y D S A E I U O N X W D
A O C N I D T N O N T X N
N N C O R R Y S G H E J T
D E V O M A E K N T T B R
V L L T D E R P R I Z N P
```

With the Lord a day is like a thousand years, and a thousand years are like a day. The Lord is not slow in keeping his promise, as some understand slowness. Instead he is patient with you, not wanting anyone to perish, but everyone to come to repentance.

LORD	INSTEAD
DAY	PATIENT
THOUSAND	WANTING
YEARS	ANYONE
SLOW	PERISH
KEEPING	EVERYONE
PROMISE	COME
UNDERSTAND	REPENTANCE

1 John 3:1a, 2-3

```
T S I R H C K E T T P Q W V
N F T J Y P N R B G V K X R
B E A Q B Q O U T B D Q S Y
E M R T T M W P G O D R R M
B K J D H D D E L L A C E Z
G Z I Y L E E B J E D P G L
D R Y L M I R H P D O Y O V
V B E A N V H P S H N V M Y
Y M D A M R A C Y I E T T G
L E D R T L L J N F V L T P
N T Z T L Q D N D Y I A R Z
Z R N L L Q M R M T N R L T
Z T N G R Y T Q Z R M D U W
W L W P M V J B M Y V N R P
```

See what *great* *love* the *Father* has *lavished* on us, that we should be *called* *children* of *God*! Dear friends, now we are children of God, and what we will be has not yet been *made* known. But we *know* that when *Christ* *appears*, we shall be *like* him, for we shall see him as he is. All who have this *hope* in him *purify* themselves, just as he is *pure*.

GREAT
LOVE
FATHER
LAVISHED
CALLED
CHILDREN
GOD
MADE

KNOW
CHRIST
APPEARS
LIKE
HOPE
PURIFY
PURE

1 John 3:18-20

```
S N O I T C A W O N K G O D
N L X V Z J Y L J P M N X K
Q Z R J J M D Y W K V Z Y P
Y N Z Z W B Z M Q R R T R T
E V E R Y T H I N G L E R N
T T K W R B B J L Z S U M T
J G D O S D C T P E T E B B
G L H R T T M H N H D Y E J
J R C D R Z R C I N Z L Q T
K D E S V W E A O L O T S X
P W E A L N D C E N D E W B
R L P G T O R D G H R R Y W
P B S D M E V N R K Z R E J
X T G T N D R E L J N Q Z N
```

Dear <u>children</u>, let us not <u>love</u> with <u>words</u> or <u>speech</u> but with <u>actions</u> and in <u>truth</u>. This is how we know that we <u>belong</u> to the truth and how we set our <u>hearts</u> at <u>rest</u> in his <u>presence</u>: If our hearts <u>condemn</u> us, we <u>know</u> that <u>God</u> is <u>greater</u> than our hearts, and he knows <u>everything</u>.

CHILDREN
LOVE
WORDS
SPEECH
ACTIONS
TRUTH
BELONG
HEARTS

REST
PRESENCE
CONDEMN
KNOW
GOD
GREATER
EVERYTHING

1 John 4:13-16a

```
C T F W Q S L B G P Z X D
S O E A U Z D N E N J N R
E B N S T N E V I G L T L
E D E F T H E S P I R I T
N J I X E I E G O D P N Z
W L Z B L S F R W O R L D
O O T E A Y S Y S L W W J
N V B S A V I O R M D L M
K E M M M B N M Z P M L Z
```

By this we <u>know</u> that we <u>abide</u> in him and he in us, because he has <u>given</u> us of his <u>Spirit</u>. And we have <u>seen</u> and do <u>testify</u> that the <u>Father</u> has sent his <u>Son</u> as the <u>Savior</u> of the <u>world</u>. God abides in those who <u>confess</u> that <u>Jesus</u> is the Son of <u>God</u>, and they abide in God. So we have known and <u>believe</u> the <u>love</u> that God has for us.

KNOW
ABIDE
GIVEN
SPIRIT
SEEN
TESTIFY
FATHER
SON

SAVIOR
WORLD
CONFESS
JESUS
GOD
BELIEVE
LOVE

1 John 5:14-15

```
G L K R T L L M Y R B R D B
N A X K B S D W M D Y M S W
I E C N E D I F N O C R I M
H R D C G N Y H L G A L Y P
C W E J O N H J T E L X D N
A J X V D R I A H B W K D L
O J N D E M D H V W K Z K W
R V Q L Q T W I T E O L J N
P A S K J L A N N Y M N R Y
P J Y B W M N H T G N W K T
A M Z M N X L L W N W A W J
B G I Y M K D B D D K B D M
T M J H Y K K B Y Z J Y R N
```

This is the _This_ is the _confidence_ we _have_ in _approaching_ _God_: that if we _ask_ _anything_ _according_ to his _will_, he _hears_ us. And if we _know_ that he hears us—_whatever_ we ask—we know that we have what we asked of _him_.

THIS	ACCORDING
CONFIDENCE	WILL
HAVE	HEARS
APPROACHING	KNOW
GOD	WHATEVER
ASK	HIM
ANYTHING	

Jude 20-21

```
Y N E L S M E R C Y V
Y V M F P L O V E D G
S D N E I R F D L R V
P B R D R L X I T O Q
S O L T I L U E T H K
Y U W C T B T H T N T
A L S E H E E I O I V
R O M E R R A F A L R
P R Q N J F I W A A Y
Z D A R V D A S E S Y
V L Y M Q L J D T D T
```

But you, <u>dear</u> <u>friends</u>, must <u>build</u> each <u>other</u> up in your most <u>holy</u> <u>faith</u>, <u>pray</u> in the <u>power</u> of the Holy <u>Spirit</u>, and <u>await</u> the <u>mercy</u> of our <u>Lord</u> <u>Jesus</u> <u>Christ</u>, who will bring you <u>eternal</u> <u>life</u>. In this way, you will keep yourselves <u>safe</u> in God's <u>love</u>.

DEAR	AWAIT
FRIENDS	MERCY
BUILD	LORD
OTHER	JESUS
HOLY	CHRIST
FAITH	ETERNAL
PRAY	LIFE
POWER	SAFE
SPIRIT	LOVE

Revelation 1:17b-18

```
A Y F J L D M D A E D
L F B I N A R D L O H
I A R A R I S K L P P
V L H A G S D T H R L
I I K H I E T T H T D
N V T L C D A A E T N
G E O A E E D V Y M T
Y O L N D E E S Y E K
K P O N S R M Z L T J
```

Then he *placed* his *right* *hand* on me and said: "Do not be *afraid*. I am the *First* and the *Last*. I am the *Living* *One*; I was *dead*, and now *look*, I am *alive* for *ever* and ever! And I *hold* the *keys* of *death* and *Hades*."

PLACED	DEAD
RIGHT	LOOK
HAND	ALIVE
AFRAID	EVER
FIRST	HOLD
LAST	KEYS
LIVING	DEATH
ONE	HADES

Revelation 2:17b

```
V U M L V Y G X R V M K Q
I D N A T B G R T D N R D
C E M D N Z L X W L E N V
T V S N E N D Q E V N Z B
O A T E N R A N E V A E H
R R O D V E S R A E I T J
I G N D T I Y T X M N G D
O N E I L O E C A Y E T X
U E H H N V E C B N Q R G
S W Y E B P M D E Q D W T
T D G V T L W J M R E S T
T D J B P M J J J L N L M Y
```

To _everyone_ who is _victorious_ I will _give_ some of the _manna_ that has been _hidden_ away in _heaven_. And I will give to each one a _white_ _stone_, and on the stone will be _engraved_ a _new_ _name_ that no one _understands_ _except_ the one who _receives_ it.

EVERYONE	STONE
VICTORIOUS	ENGRAVED
GIVE	NEW
MANNA	NAME
HIDDEN	UNDERSTANDS
HEAVEN	EXCEPT
WHITE	RECEIVES

Revelation 3:5

```
S L E G N A T T B N D W N E
Q Q T L W R Q L L T C V C B
D K I T V Y Z K E L R N V M
Q R H R M I R N O R U D I B
N R W Y R B C T A O A N N T
T D G D W B H T N M E S J Y
K O O B L E T N O T E L E M
K Y P D D J A B W R G S Z X
F A T H E R E J I B I M Z T
D L R Y X F N M L V D O Z M
J N Y P O E L D L I V M U Y
D R P R V L K X V K F X Z S
J G E E A N P K Z J J E V Z
M B R Q V R N Q N N Y Q N Z
```

All who are _victorious_ will be _clothed_ in _white_. I will _never_ _erase_ their _names_ from the _Book_ of _Life_, but I _will_ _announce_ _before_ my _Father_ and his _angels_ that they are _mine_.

ALL	LIFE
VICTORIOUS	WILL
CLOTHED	ANNOUNCE
WHITE	BEFORE
NEVER	FATHER
ERASE	ANGELS
NAMES	MINE
BOOK	

Revelation 3:11-12

```
G N C D D E J E N S M D
N J O I V O L L U Y D Z
I G E A T P W O C I T Y
M S E R M I I N E V E R
O L R E U R Z N X N L B
C E T A O S W E E L T J
S B T T L O A V N D M R
P O C I R L A L L S N B
D I O C R E I O E M A N
V Y N N H W H P T M N V
```

I am <u>coming</u> <u>soon</u>. <u>Hold</u> on to what you have, so that no one will take away your <u>crown</u>. All who are <u>victorious</u> will become <u>pillars</u> in the <u>Temple</u> of my <u>God</u>, and they will <u>never</u> have to <u>leave</u> it. And I will <u>write</u> on them the <u>name</u> of my God, and they will be <u>citizens</u> in the <u>city</u> of my God—the new <u>Jerusalem</u> that comes <u>down</u> from <u>heaven</u> from my God.

COMING
SOON
HOLD
CROWN
VICTORIOUS
PILLARS
TEMPLE
GOD
NEVER

LEAVE
WRITE
NAME
CITIZENS
CITY
JERUSALEM
DOWN
HEAVEN

Revelation 21:1-2

```
P Y L H E A V E N B D M
H J D U C H T E G L D R
T N M I F L U N D E L Z
R D T E L I I S R I N T
A Y R G L M T A B Q R T
E W M E O A E U H A B B
G E J C S P S G A O N X
O N Q T P S X U B E L D
N P O A G T E N R X B Y
E L S G O D W D B E D T
D I M Q Q O L M X G J T
D D B N D X M M Y D R G
```

Then I saw a <u>new</u> <u>heaven</u> and a new <u>earth</u>, for the <u>old</u> heaven and the old earth had <u>disappeared</u>. And the sea was also <u>gone</u>. And I saw the <u>holy</u> <u>city</u>, the new <u>Jerusalem</u>, <u>coming</u> <u>down</u> from <u>God</u> out of heaven like a <u>bride</u> <u>beautifully</u> <u>dressed</u> for her <u>husband</u>.

NEW	JERUSALEM
HEAVEN	COMING
EARTH	DOWN
OLD	GOD
DISAPPEARED	BRIDE
GONE	BEAUTIFUL
HOLY	DRESSED
CITY	HUSBAND

Revelation 22:3-5a

```
W C T L O R D S N L
O U H N O S T E X D
R R G L H N T Y E M
S S I I A T G N U S
H E N V I M O E B N
I E R R E R P M R D
P E W C H M A S Y N
S Y A T R L A D O G
D F Q Z M V G N J Z
```

No longer will there be a curse upon anything. For the throne of God and of the Lamb will be there, and his servants will worship him. And they will see his face, and his name will be written on their foreheads. And there will be no night there—no need for lamps or sun— for the Lord God will shine on them.

LONGER	NAME
CURSE	WRITTEN
THRONE	NIGHT
GOD	LAMPS
LAMB	SUN
SERVANTS	LORD
WORSHIP	SHINE
FACE	

ANSWER KEY

Genesis 9:15b-16

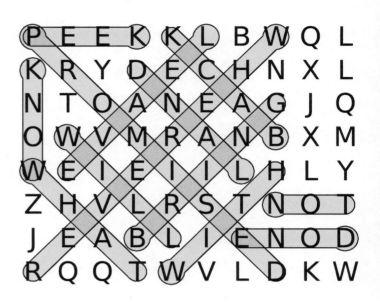

Genesis 28:15

Exodus 14:13a, 14

Exodus 15:2

Exodus 15:11, 13

```
D M P Q T D R S S B D Z
E D A K J P P T A J N R
M R D J E L E W S L H P
E O M O E A E S Q T D T
E L P N D S E M G E W M
D L D F O N T N D O R N
E O A M I H E I N D S L
R S E L O R U D O D W V
T J O L T G E D O B A K
J H Y S P R M G E V O L
R Z W N S B Q R M J M Z
```

Numbers 6:24-26

```
S P R O T E C T P D
T U B L E S S Y R T
P R O V A F A E J B
L E W I W M L S I H
O M A O C I R G W T
R U H C M A I W P Y
D S O S E V R R Z N
R X K Y E W R G J W
```

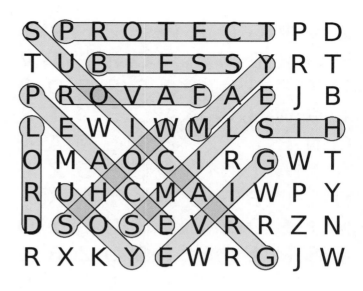

Deuteronomy 7:9

```
C Q T L O R D G M E R G
J O T H R U O Y R K E Q
B Q M X O D N O P N L Q
Q S P M S S F X E N B D
T R T P A E E R N L P D
B N E E R N A L U L N T
L E A E A T D F D A J Q
K M H N I D H M S T E T
W T G O E T F U E V J V
O L N B I V O A O N Y V
N S Y A D H O L S N T N
K V F K T Y Y C Q T P S
```

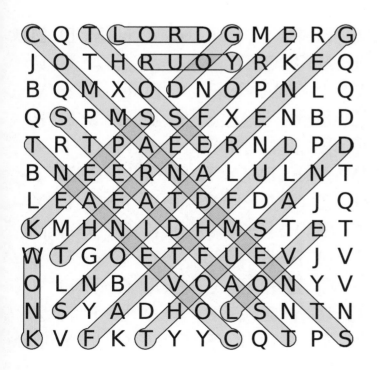

Deuteronomy 31:6

```
E C N A Q J L X S G M M
K W O X F N V T Y R N J
A D G U V R R N E V E R
S N E Q R O A V D O G N
R K N I N A A I B N M Z
O K L G F E G E D H J G
F Y G O L I C E T X Z R
J X O Y R A R I O X L W
M Y E U U D W R R U Y R
T B S S R J X M E L S D
L V E Q R R Q B B T B B
```

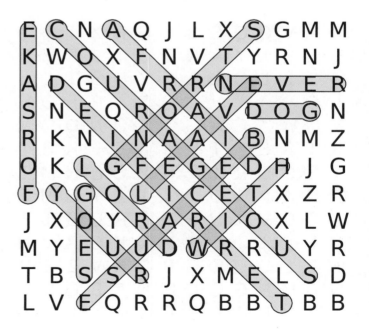

Deuteronomy 32:3-4

```
L V P G T R W P Z G R Y
M U R E M I R O R L T V
U T F G R O E E R E D Q
L P W H C F A C B K T R
O N R L T T E I E M A N
R K A I N I R C S D Z L
D I C E G C A Y T J R J
M J S O S H A F U G Y Q
T S M A R W T S O Z B L
Y Y B J R R T D L L M L
```

Joshua 1:9-10

```
D I S C O U R A G E D M
Y Z G O G Y G L Y C R P
K O Y M N D O R O R X N
D R L M I R U U E Z J Z
B X T A D O R V L D J L
X M R N Y A E P L R N K
X F Z D G R G N O R T S
A X T E E W G V N J N V
J R O H I M Q O W D X W
J U W T I L L M N D P Z
S P H D R S Z L V Y L Q
```

2 Samuel 22:3-4

```
R M V Q Q S L B G R X T D Y
D L L X Y A N G D T Z E H B
T E L L Q L L G Y H S T L L
L O V A Y M Q G I R E Q H
M O W A C A G I A O N D O M
R J R E S T H R W E L R B J
T S G D R I P R M E N N M T
R N A R W O Y I I Z Y D M G
Z E Q V M N E H T R U S T T
M L F J I S S Y R K G R V N
W L L U D O G R O K V Z Z R
N P M N G Q U M C P B Q V G
J Z V N W E B B R K W Y L M W
```

2 Samuel 22:19-20

```
Q D P Y T L Y V N M D D
L N T Y T I M A L A C D
W J G W T B X D D X E V
D E L I V E R E D T D R
C B T M M D B O H L T X
N A E D D T B G U B T T
L Z M C J R I R P G L X
Q T T E A L O L O D H M
U R B E U A L Y A N T
P O Z D B C S A B T D V
O R Y Z E R T E L T R Z
N T J Q K S G M V L Y L
```

Job 5:10-11

```
E A R T H X Q X Y S
Z D S D L E I F E M
Y L O W L Y D N O S
G T L Z Y E D U R M
I M E N T S R E R N
V H N F Z N T L S R
E K I P A A R E M N
S L A G W S T P P Y
Z Q R R H S L R Q D
```

Psalm 3:3-5

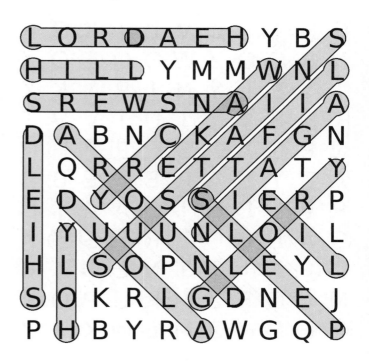

```
L O R D A E H Y B S
H I L L Y M M W N L
S R E W S N A I I A
D A B N C K A F G N
L Q R R E T T A T Y
E D Y O S S I E R P
I Y U U U N L O I L
H L S O P N L E Y L
S O K R L G D N E J
P H B Y R A W G Q P
```

Psalm 4:7-8

```
W Y S T S E V R A H D W
I D J D B A R L P L K B
N W O R R E F E I A M D
E E Y W T O E E B B V L
P N N A N L L U N P B Q
R E E I S P N G I V E N
N R A D A D K E E P D L
G B L C A R E N O L A M
D J X N E B G L D R Y J
D Y T M K T J X J Y Z Q
```

Psalm 9:9-10

```
N T K L K D J X D D E Z E
E Q R N T D Z T N L M M T
K D O Y N T Z L B S A G N
A W E S T J R U O N E X K
S K J S T R O U L R D E L
R K N P S R E J S Y D Z K
O K B L T E O G X T R Y Z
F N N L Z V R N U B M G Y
G Q K E Y W S P G F P L G
Y O U R V X T E P H E Q K
M Z N W D E V J M O O R T
L Z T V T Y B W X I L L W
D X N D T X Z M B Y T L D
```

Psalm 16:9-11

```
G H J P D V L J X S R
N R O O Z W Q Q E Q X
I J E L Y N J R N K X
T M B V Y T U T V V T
N E C N E S E R P H M
A Z Y G A R E F E B S
R V L E G J O A A T D
G A L R O L R F S S K
D P A I I T N E O T B
M V C F Z M R U P Q K
E E E M Z M L W K X Z
```

Psalm 17:6-7

```
G N I Y A R P B U P B M K
N L L W M T R N R E W O P
Y D O U Y E F M I G H T Y
K H G L F A R R N T P J N
S O O U I R Y E L Q T M L
D V G L E S E N W B D W Y
E E I J N R T D L S Z D X
P N J K E B T E N Z N B N
G K M S M L E T N O M A B
N W C L I T L N P V W R R
V U X B E X B M D K M W M
E V Y Y S L N M P D N M L
```

Psalm 18:1-3

```
D B T Y G G V N E S I A R P
L N L X T V Q X S Q Y N J D
F O R T R E S S J A R R M Z
W Z H Y R D G R Z Y V E R Y
N O I T C E T O R P N I H Q
Y K T E G R L Q D E N T O D
V T V F Q N D S M E R J W R
V O G A K X E I H O L T J Z
L Q D S P C E R W I R L G V
D W Z L S S O M T E E R A D
K D A E N Q R W S Q L R C
T C V T M X D O R L X O D P
E A B D N V P N Z W L D L L
S T N B Z M Y J B B Z T V M
```

Psalm 23:1-4

```
S T A F F B X R N N L M W
R I G H T E O U S N E S S
E D P L E A D E T H W W N
S R C A N R D S D W A L K
T E O E S O Y R H T B S R
O H M O D R T O L E T O Y M
R E I M D I V L U R L U A X K
E T F O S X A S R L I W P M
T H R E B L L D E T T Q P
H S T B N L Y L J S D S Y
G T R D K W R L E B Y Y T
M R D J Q T K M J Y L W R
```

Psalm 27:1-3

```
D I A R F A M E T P
Q N Y S T N L O R D
D M O H H B Y O R S
G A G I M O T L S F
V I N E T E U E J L
L Y R G C A R L O P
K T Y T E T V R D B
D H I Y R B D L Y K
W N R O Q Q J N A R
G Z F M D N N N Y S
```

Psalm 27:13-14

```
Q Q M K Y E Y T W L R N
Y D R O L V G H E A R T
Z Z X T P E D A L Z I J
L Q B J Z I Q M R G L T
E I Y Q G L T K O U G T
Y E V D M E L O L N O R
D W S I D B D L O Y V C
N T E N N N R A D Y R
A R Z K E G T L L H Q B
L W K S A S T R Y V S Z
L W S L Z T T X W D Q T
```

Psalm 28:8-9

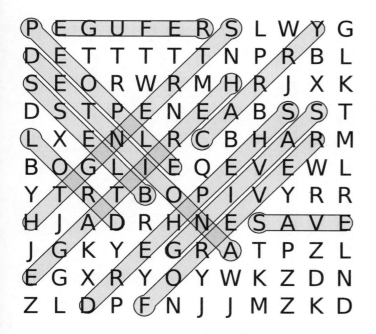

```
P E G U F E R S L W Y G
D E T T T T T N P R B L
S E O R W R M H R J X K
D S T P E N E A B S S T
L X E N L R C B H A R M
B O G L I E Q E V E W L
Y T R T B O P I V Y R R
H J A D R H N E S A V E
J G K Y E G R A T P Z L
E G X R Y O Y W K Z D N
Z L D P F N J J M Z K D
```

Psalm 31:19

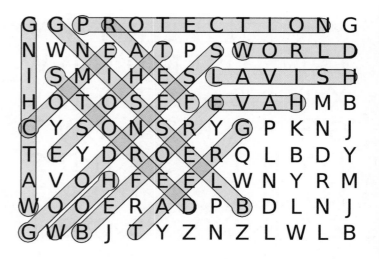

```
G G P R O T E C T I O N G
N W N E A T P S W O R L D
I S M I H E S L A V I S H
H O T O S E F E V A H M B
C Y S O N S R Y G P K N J
T E Y D R O E R Q L B D Y
A V O H F E E L W N Y R M
W O O E R A D P B D L N J
G W B J T Y Z N Z L W L B
```

Psalm 33:10-11

Psalm 34:17-18

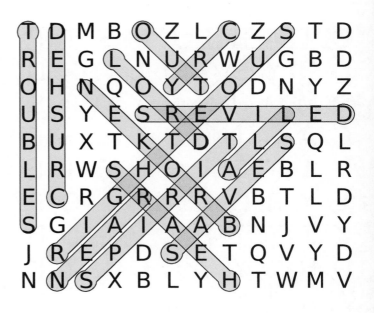

Psalm 37:10-11

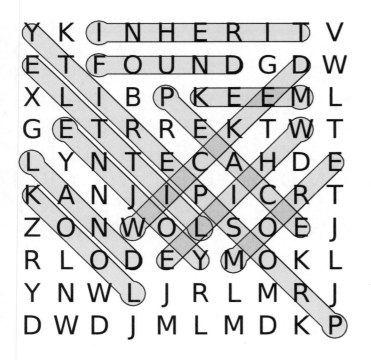

Psalm 46:1-3

Psalm 46:10-11

```
A D L L I T S J F
  E N X E L K O D
M L Y A O A R M A
I A B R T T R M Y
G X A D O R I O T W
H X H E C N O O H
T E S T G A N N D
Y S Q M I K J O S
  T L M D R W G G Y
```

Psalm 55:22

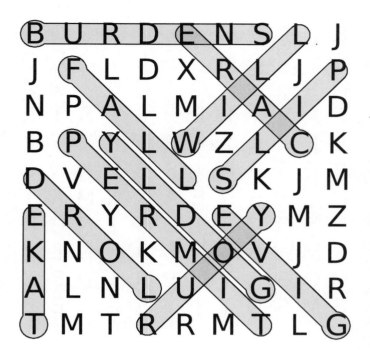

```
B U R D E N S L J
J F L D X R L J P
N P A L M I A I D
B P Y L W Z L C K
D V E L L S K J M
E R Y R D E Y M Z
K N O K M O V J D
A L N L U I G I R
T M T R R M T L G
```

Psalm 56:3-4

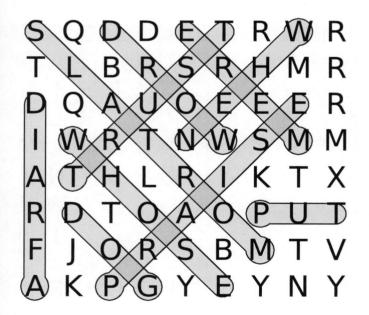

```
S Q D D E T R W R
T L B R S R H M R
D Q A U O E E E R
I W R T N W S M M
A T H L R I K T X
R D T O A O P U T
F J O R S B M T V
A K P G Y E Y N Y
```

Psalm 57:1

```
G S R J M P N B L X
M N H B M Q B D N V
E S I A R W I N G S
R M D Y D E M G N K
C R L N O O F K O S
I O Y L U R W U O D
F T T N I S T U G P
U S T A S W L S Q E
L I X A K L Z P E X
  L Q P J M E Y K Y D
```

Psalm 59:16-17

```
E E P E C A L P J G O D
G G V O M R L L Y O D G
U S N O W Q T G N I Y Z
F A V I L E N L S B T R
E F X K L I R T P Z T Z
R S P N I R R N K N L
D T H R N E A X N M X J
D Y O V S I D F J N G D
Y M W S S N B R N N L Y
M Q S E T M P R I U B Z
G M S D T J Y S P N B B
```

Psalm 62:1-2

```
S F N E K A H S E
I A O K C O R N T
L N L R Z O O X W
E L A V T L M A D
N S U L A R I E N
C E H O O T E N S
E H V A S N I S G
W T I E L B E O S
W Q N M R L D K N
```

Psalm 65:5

```
D S A N S W E R S E A S
E D A R X L D N L J J Z
L O L L X N N E T B X K
I G L B V M T N E T Z J
V B Y L N A T B S D A Q
E J B W L M T E D W S D
R Z Q Z W E H I E T B G
A D D J A T E S O M L Y
N V Q R R L O P D N Y T
C B T A Z M L L O N B L T
E H F Z E Q Q V Y H E T
```

Psalm 68:19-20

```
S E W D B U R D E N S Z
G O S N Y L R O I V A S
D O V I S C O M E S J L
S B D E A R P R K B L Y
H E K Z R R A B D E L M
T Z V Y D E P E S Y N T
A V Y A Q R I C B W W P
E B I W S Z A G B Z J M
D L Q X D P L V N Q L L
Y R P Q E Y J Q D L R Z
```

Psalm 71:5-6

Psalm 71:20-21

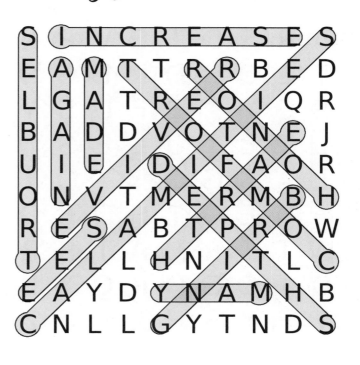

Psalm 84:3

```
H S M P S Z S Z J L
O X R D Z P J Y V N
M R N A A H O S T S
E I L R T U L O R D
F A R S N L K J W B
Y O E G Q I A X Q R
W N O T N N E V E B
D D B G P Z B T R L
```

Psalm 89:13-14

```
J U S T I C E T Y F
Y K J D B H E R O T
T G K R H N A U T M
T H E N S O T N N R
G V X R T D U L D T
I A H A A R O R H W
M T R T L V O G T D
R M I M I T I N D M
T O M N V R E L G Q
N P G N Y N X D T L
```

Psalm 91:1-2

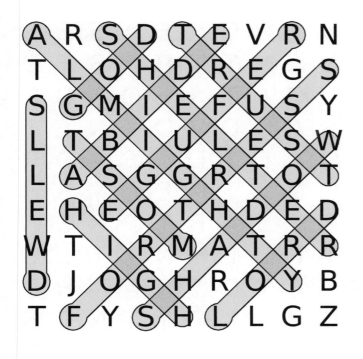

A R S D T E V R N
T L O H D R E G S
S G M I E F U S Y
L T B I U L E S W
L A S G G R T O T
E H E O T H D E D
W T I R M A T R R
D J O G H R O Y B
T F Y S H L L G Z

Psalm 91:11-12

C H A R G E F Y J C
S R A E B W Z O O P
D R S J G N A N O R
N S L Y S I C L V T
A L L T A E V D L S
H R O E R W R E T Y
J N N N G A L R K N
E M I D U N I L L W
Q N J G D K A Y R Q
G Y B R E T Y B D Y

Psalm 94:18-19

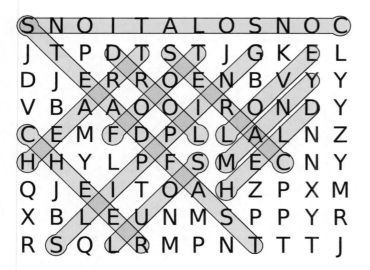

S N O I T A L O S N O C
J T P D T S T J G K E L
D J E R R O E N B V Y Y
V B A A O O I R O N D Y
C E M F D P L L A L N Z
H H Y L P F S M E C N Y
Q J E I T O A H Z P X M
X B L E U N M S P P Y R
R S Q L R M P N T T J

Psalm 103:8-10

K W R G X W R T X W I Z P
C O M P A S S I O N A T E
E V R E S E D L I M J R L
H T L N L Y S O R Q N L M
R A O A B O U N D I N G T
E J R L M I Y T R E A T L
P R D B T S U O I C A R G
A D E I O E S U C C A X M
Y N E G M R V I Q L R N D
D S T R N T G O N P G R J
X Z B D M A L K L S D D N

Psalm 107:8-9

```
L T Z G K K D D R O L K
H U S S A T I S F I E S
H U F A L D H D Q J K B
Y U M R F L O A Y D J V
T W N A E D I O N J R R
S O B G N D A F G K X Q
R R V L R K N E L R T N
I K N G O Y I O T V J D
H S T Y R V W N W S J Q
T N T J K Q E B D Y G W
```

Psalm 107:28-29

Psalm 118:5-6

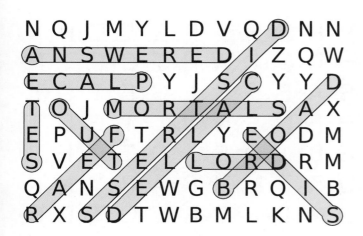

Psalm 119:49-50

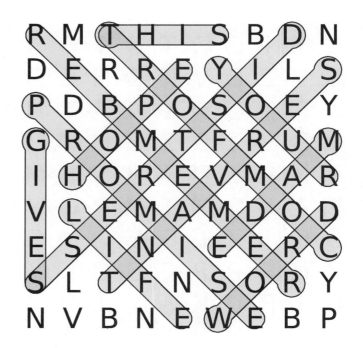

Psalm 119:76-77

```
Q Z Z L J E C T K X G J J
L V T W B S T O V Y V M R
V J V K V I D H M L A W W
U G C S L M M L G F B L R
L N N O E O A D B I O K R
K L F I M R Y S P V L R Z
Y N B A D P V Y E N B E T
V Q M E I R A A G N Y D D
R M M E R L O S N L Z T V
K O V N Z X I C S T Y J B
C I X T T P N N C I L K W
L N Z T Y M B N G A O K D
G J M G Y N Y N J R G N M
```

Psalm 121:1-2

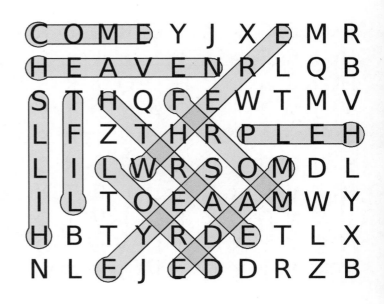

```
C O M E Y J X E M R
H E A V E N R L Q B
S T H Q F E W T M V
L F Z T H R P L E H
L I L W R S O M D L
I L T O E A A M W Y
H B T Y R D E T L X
N L E J E D D R Z B
```

Psalm 121:5-6

```
L M J G D T Q J G R
E V Z D V N D N B D
K R I G H T A A T N
I D V Z R Z Z H Y R
R N R E D A H S E M
T I Y O M T M P O Y
S G J Z L G E O M G
Z H S P P E N G K Y
R T R U K W Y T B Y
N W T Y N X Z R W Q
```

Psalm 138:7

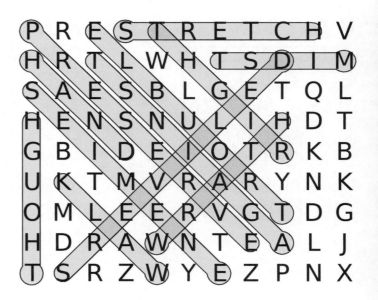

```
P R E S T R E T C H V
H R T L W H T S D I M
S A E S B L G E T Q L
H E N S N U L I H D T
G B I D E I O T R K B
U K T M V R A R Y N K
O M L E E R V G T D G
H D R A W N T E A L J
T S R Z W Y E Z P N X
```

Psalm 139:12

Psalm 145:14-16

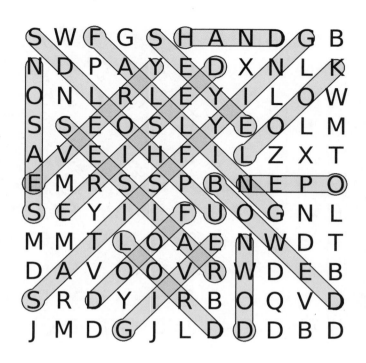

Proverbs 3:5-8

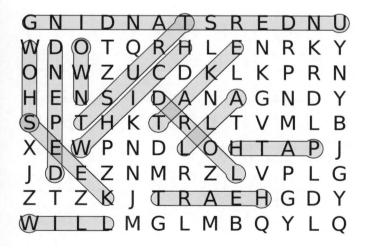

Proverbs 23:17-18

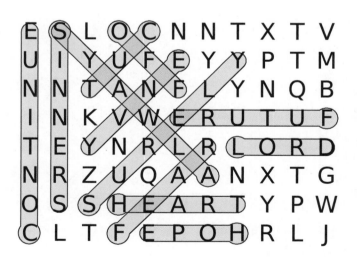

Isaiah 9:6

Isaiah 40:28-29

Isaiah 40:31

Isaiah 41:10

Isaiah 49:10

```
D R O L P T B D W B R
D T B T T W H Y R E R
R T J K Z T A I H T T
A N Y M O R E T R W V
H P B T C M I S E S X
U R Q O E E E D U R T
N N O R N A D R A N S
G L C M R T E I L E W
E Y T I R A Q Y S R L
R J N R C Q Q J R E T
M G K H T P J R J J B
```

Isaiah 49:13

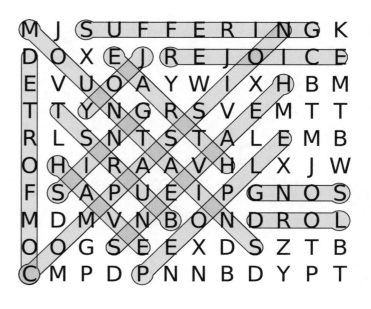

```
M J S U F F E R I N G K
D O X E J R E J O I C E
E V U O A Y W I X H B M
T Y N G R S V E M T T
R L S N T S T A L E M B
O H I R A A V H L X J W
F S A P U E I P G N O S
M D M V N B O N D R O L
O O G S E E X D S Z T B
C M P D P N N B D Y P T
```

Isaiah 51:3

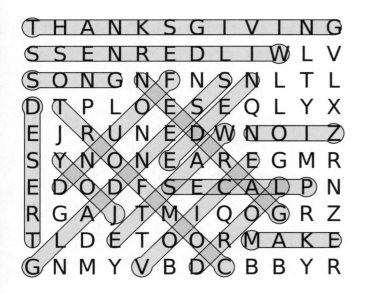

```
T H A N K S G I V I N G
S S E N R E D L I W L V
S O N G N F N S N L T L
D T P L O E S E Q L Y X
E J R U N E D W N O I Z
Y N O N E A R E G M R
E D O D F S E C A L P N
R G A J T M I Q O G R Z
T L D E T O O R M A K E
G N M Y V B D C B B Y R
```

Isaiah 52:10

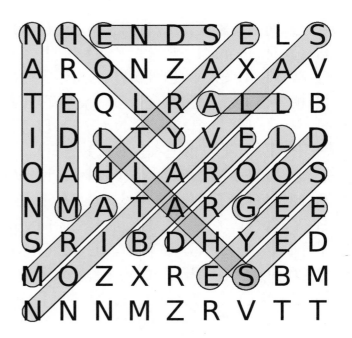

```
N H E N D S E L S
A R O N Z A X A V
T E Q L R A L D B
I D L T Y V E L D
O A H L A R O O S
N M A T A R G E E
S R I B D H Y E D
M O Z X R E S B M
N N N M Z R V T T
```

Isaiah 55:10

Isaiah 58:8-9

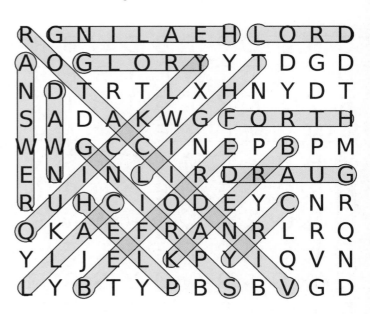

Isaiah 58:11

Isaiah 66:13-14

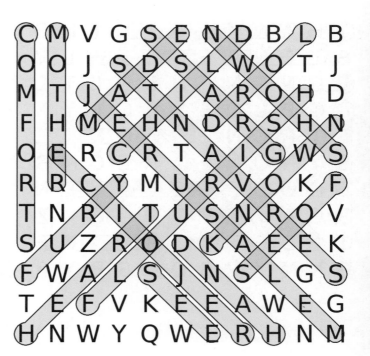

Jeremiah 29:11-13

```
C D G R B N X R D L L F V
O T N P W L T D O Y U Y Y
M D N I R N I R Q T W S D
E M B Z F O D S U B E L L
S N A L P T S R T R L R L
Z H T L R G E P A E Y Y J
H W A A T I J L E K N O W
G O E R Z V C Q Y R L S B
Y H P N M E L L A C E N X
D A R E D T N N W E T T B
K L R K T Z R Y K T Z Q T
J N N P L J D R Z L Y N Y
```

Lamentations 3:22-23

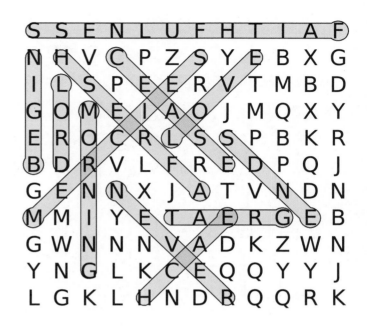

```
S S E N L U F H T I A F
N H V C P Z S Y E B X G
I I L S P E E R V T M B D
G O M E I A O J M Q X Y
E R O C R L S S P B K R
B D R V L F R E D P Q J
G E N N X J A T V N D N
M M I Y E T A E R G E B
G W N N N V A D K Z W N
Y N G L K C E Q Q Y Y J
L G K L H N D R Q Q R K
```

Lamentations 3:32-33

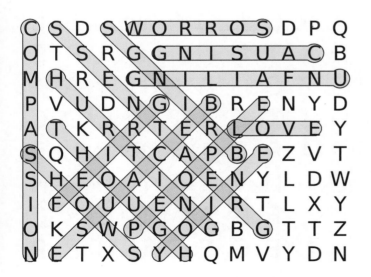

```
C S D S W O R R O S D P Q
O T S R G G N I S U A C B
M H R E G N I L I A F N U
P V U D N G I B R E N Y D
A T K R R T E R L O V E Y
S Q H I T C A P B E Z V T
S H E O A I O E N Y L D W
I F O U U E N J R T L X Y
O K S W P G O G B G T T Z
N E T X S Y H Q M V Y D N
```

Nahum 1:7-8

```
R P V N T P J V K L Q
S T R O N G H O L D D D
R G D O D D T H O S E
D E N R T R O L N R W
O D F I O E B O N Z M
O A Z U H L C E G N N
L Y B Y G S V T H R P
F L T A K E U I S Y G
E N Y B P K M R R D T
```

Zephaniah 3:17

```
F E A R S D T Z N L A
E Y W V O H B R Q M P
E G R G G R O L O T L
V O G N I J I Z N L G Z
O L R L I V O G Z T A L
L R E J A V M Y O M N L
D J S L D I I F V G L
S O N G S N L G U E M
N I J T Z O E M H L R
X C B J R P Y S A T B
V E N D P V R C S Q Y
```

Matthew 5:3-4

```
D E T R O F M O C T
B L E S S E D D I V
M H B V P T L R Q H
O E Z Q H I E L T W
D A M O S H R R I B
G V S O N R A I K W
N E P I U E I E T R
I N O Z D R E E R T
K W O Q M M N L H K
M G R Y W Y T D N T
```

Matthew 11:28-29

```
S B X N T H G I L Y G
O E U J T F L X O E Y
U L R R I K D K L S X
L B K N D T E T A W Q
S M D W A E N E E W X
V U T K R E N A H Q X
N H E M G J R E E Z E
N R A E L Y A M D V R
L R B X R R O R I E D
W P Y J T C R G S M T
T J L L J N L T V Y N
```

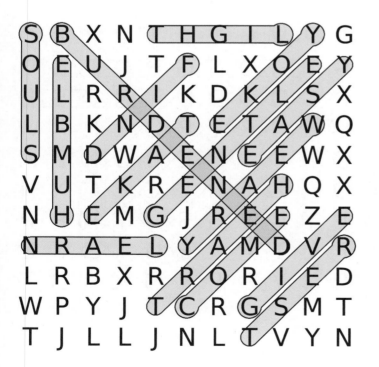

Matthew 24:30-31

```
Y R O L G R N O S L
R K T N G T E R R R
G Z G G A N H W A W
D I T E A E I E O C
S A R E A T P M L P
E G N V P P H O O N
B L E G A M U E R C
I N E Q E D U U R P
R Z X C S L O R W B
T M Q K T M S D T M
```

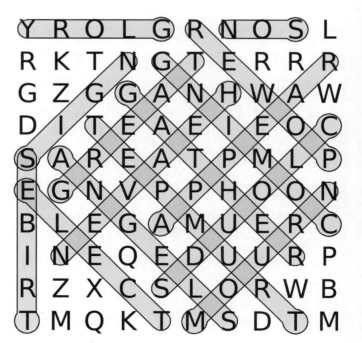

Mark 4:30-32

```
X D Z D D B R N Q L N L M L
Z R R W W N V R R D L L Q Y
T S M A L L E S T O L P M L
S T D K T M G P H G N P V B
E E L P Y S L R S A R J W Q
G B H R M A U U O M D G R D
R A B S C N G S M O U R E D X
A I E T N E A D R O N N V V
L R E T J A G R W L E D Y N
G D D X Y N R S D S L O N G
T S G N I X K B T E Y N Z M
B K K K T M L S N B N N X L L
```

Mark 4:39

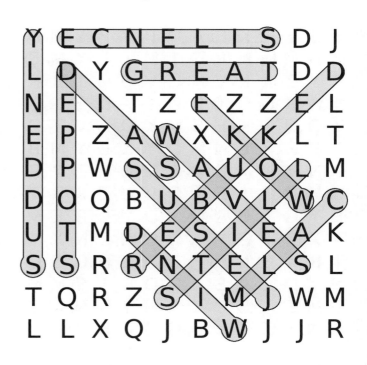

```
Y E C N E L I S D J
L D Y G R E A T D D
N E I T Z E Z Z E L
E P Z A W X K K L T
D P W S S A U O L M
D O Q B U B V L W C
U T M D E S I E A K
S S R R N T E L S L
T Q R Z S I M J W M
L L X Q J B W J J R
```

Mark 10:27-28

```
G E K O P S R M D Q R T
N V B X P T A R Q D T W
I W M N O N H B R B G B
H J R L S K M I T M D W
T N D D S D G M N E D P
Y B L W I L W M K G E R
R A N P B O M O J T S G
E T F E L B O E E H D M
V Z V L E L S R T O N T
E L O Y J U Q I G L V Y
X F M N S Q W R H X D R
T J L J T T V Z B T Q J
```

Mark 11:22-23

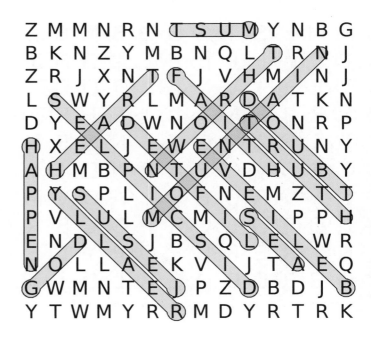

```
Z M M N R N T S U M Y N B G
B K N Z Y M B N Q L T R N J
Z R J X N T F J V H M I N J
L S W Y R L M A R D A T K N
D Y E A D W N O I T O N R P
H X E L J E W E N T R U N Y
A H M B P N T U V D H U B Y
P Y S P L I O F N E M Z T T
P V L U L M C M I S I P P H
E N D L S J B S Q L E L W R
N O L L A E K V I J T A E Q
G W M N T E J P Z D B D J B
Y T W M Y R R M D Y R T R K
```

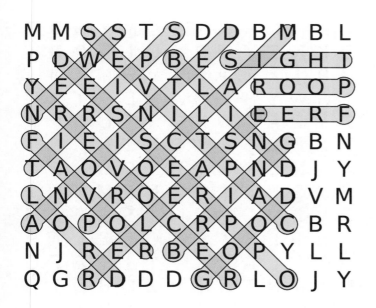

Luke 1:78-79

Luke 2:10-11

Luke 4:18-19

Luke 6:37b-38

Luke 8:47-48

Luke 12:6-7

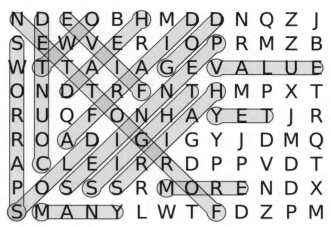

Luke 12:24-25

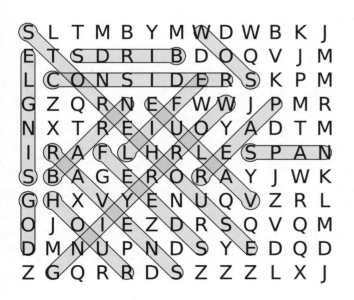

John 1:3-5

John 3:16-17

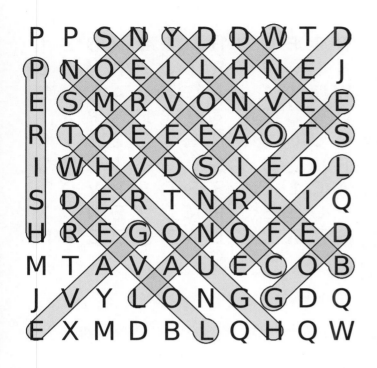

John 4:13-14

John 6:19-21

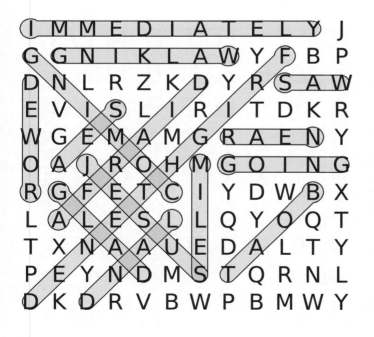

John 6:35

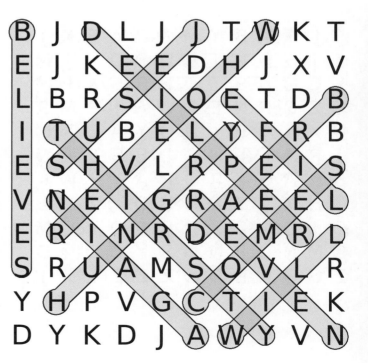

John 14:1-3

John 14:12-14

John 14:26-27

John 15:7-8

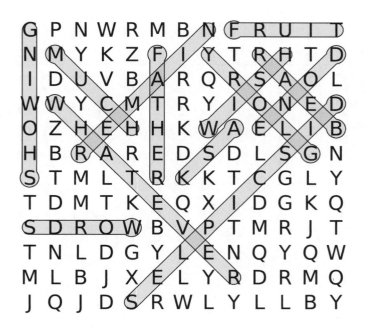

John 16:21-22

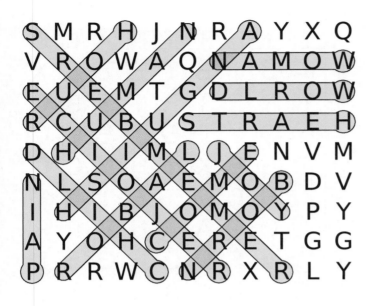

John 16:33

Acts 9:31

```
D G Z N Y D V S N X B P B
T N E M E G A R U O C N E
G F T Y K M L L B K Z C Q
A E I P A O I E V S H P D
L A R R R V L N T U Y Q G
I R I D E I U R R V X L M
L A P D E M O C Y N J G B
E Z S V B N H A E L R N N
E Q E E G V B C E E O K G
T R R E K Y A L W D M H K
S S R T J E L B Q M U X P
Q T X B P P B L Q V T J J
```

Acts 14:17b

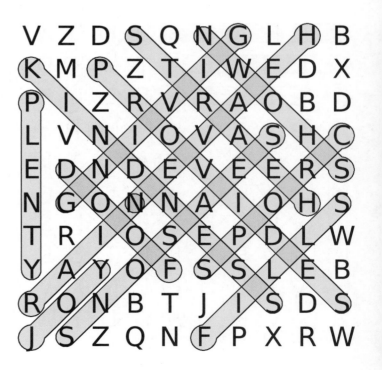

Acts 17:26-27

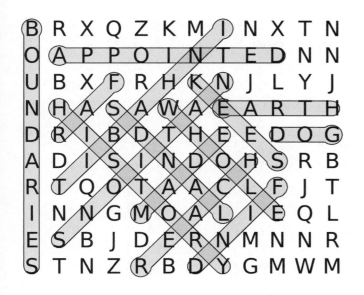

Acts 20:32

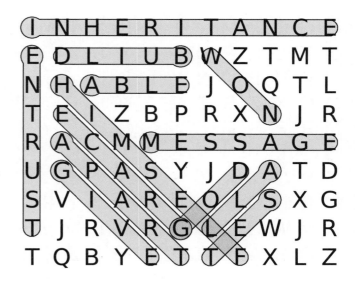

Romans 3:23-24

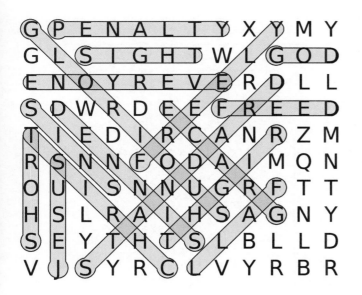

Romans 5:1-2

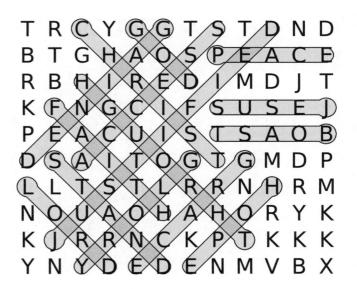

Romans 6:22

Romans 8:26b-28

Romans 8:31b-32

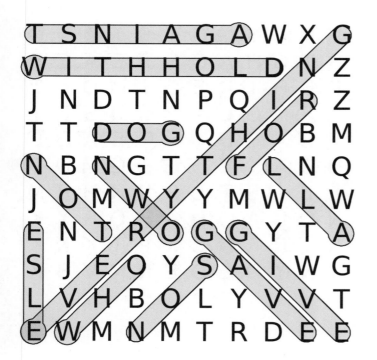

Romans 8:38-39

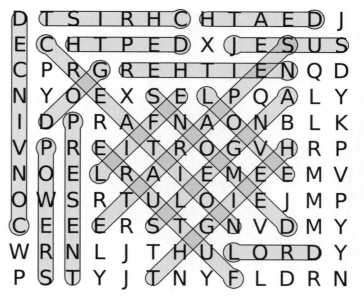

Romans 12:11-12

Romans 15:4

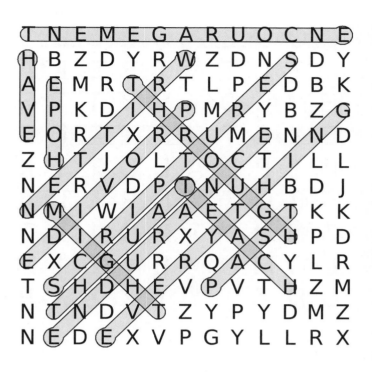

1 Corinthians 10:13b

1 Corinthians 15:58

1 Corinthians 16:13-14

```
C O U R A G E O U S
K T L T N T R E L A
E M S O Y V Y T T Q
E X R T H T I A F D
P T P D A B D I Y K
S R O E Z N R L L A
Q N U V T M D J P T
E W M O M B Y Z J M
D D Z L Y Y Z Z X P
```

2 Corinthians 1:3-5

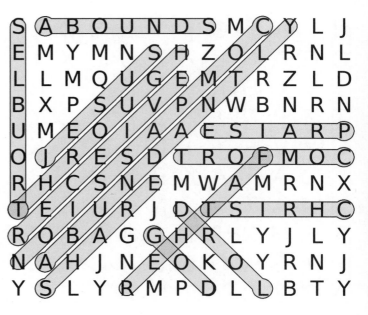

```
S A B O U N D S M C Y L J
E M Y M N S H Z O L R N L
L L M Q U G E M T R Z L D
B X P S U V P N W B N R N
U M E O I A A E S I A R P
O J R E S D T R O F M O C
R H C S N E M W A M R N X
T E I U R J D T S I R H C
R O B A G G H R L Y J L Y
N A H J N E O K O Y R N J
Y S L Y R M P D L L B T Y
```

2 Corinthians 1:21-22

```
G A C O M E B G K R N Y V J R
U N N R T N Z B M M D L Y Q
A S J O R N L N X P K S Z
R E D Y I W Q B N I L P D W
A K B N L N D B H G I G P V
N A K V A V T S T R T Q O Q
T M Q Y V T R E I S T A P D
E J R B G E S T D D I B H S
E L Y T N S Y D E R O R E W
I F W W B B T P D T L A H Q
N I O T Q R O R H Y L W M C
G R R R M S L L A M T O T Z
Q M X N I Y B N T E V N L L
R Q L T Y X P L Y N H Z Y Q
```

2 Corinthians 3:10-11

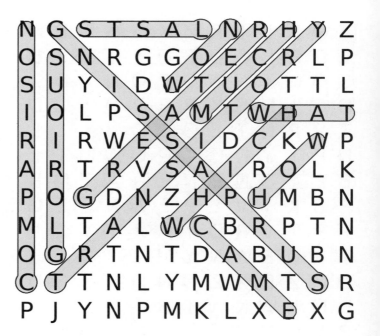

```
N G S T S A L N R H Y Z
O S N R G G O E C R L P
S U O Y I D W T U O T T L
I O L P S A M T W H A T
R I R W E S I D C K W P
A I R T R V S A I R O L K
P O G D N Z H P H M B N
M L T A L W C B R P T N
O G R T N T D A B U B N
C T T N L Y M W M T S R
P J Y N P M K L X E X G
```

2 Corinthians 4:8-9

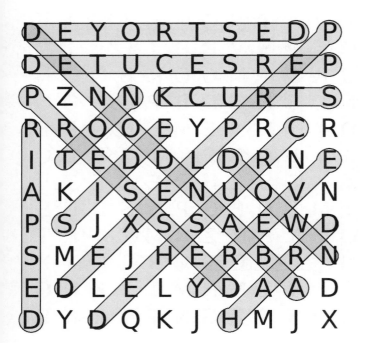

2 Corinthians 4:16-17

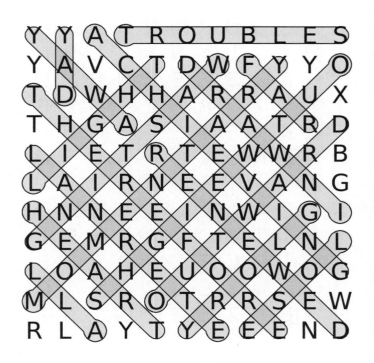

2 Corinthians 5:1

2 Corinthians 5:17-18

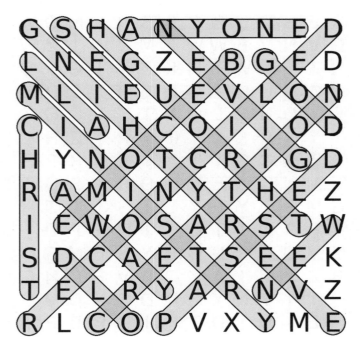

2 Corinthians 13:11

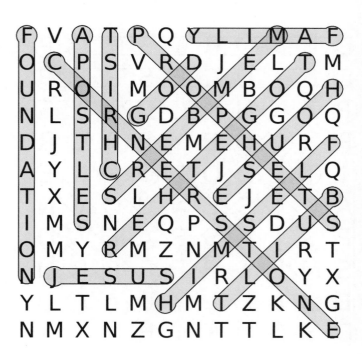

```
S R G O D R M N R T G G
I E Y Y L Y N I R L R N
S H R K S E E R N E M D
T T V T V R E C S D E R
E O K I E J E T A G B L
R N L N O V O H A E T D
A O I I R L R T P P M
W J C R A L U L E O M D
I E T T G O O A U T R L
T S I M C T C V R F D B
H O M N L E Q R E V J D
N B E L Z G G Z W T B Z
```

Ephesians 2:19-20

```
F V A T P Q Y L I M A F
O C P S V R D J E L T M
U R O I M O O M B O Q H
N L S R G D B P G G O Q
D J T H N E M E H U R F
A Y L C R E T J S E L Q
T X E S L H R E J E T B
I M N E Q P S S D U S
O M Y R M Z N M T I R T
N J E S U S I R L O Y X
Y L T L M H M T Z K E
N M X N Z G N T T L K E
```

Ephesians 3:16-17

```
R E S O U R C E S R L M Q W
G V N V E W W L M T W J Z W
N T L N W T M K Z T J G Y S
O W N U H T G N E R T S U X
R I O N N L Q L T T T O G C
T Y X R K L Y T Y R I Z H J
S T R Q G T I A I R U R P R
E M P O W E R M O R I S O T
G M S T Y P Y L I S I O T H
T R R T J G J T T T P O J
E V O L R N Q B Y S E M S Q
B Z Y T J A Y Q R V E D N G
Q T Y J N Y E M D J X D V G
M L J D J D T H J X B B P T
```

Ephesians 3:18-19

```
C W M E D O G P Z L H D V E
H X G R C R B L M I Z D F S
R M N D U N W Y G M E I S L
I K P M N I E H E E L E T Y
S D G D C N I P V N L Q Q
T N Z E E K O P R L O P T R
T M Y W R C J M L E X L P D
L B Y Z S M O U P M P D T P
G R E A T Q F M V L L X O V
B N R L A D D W E Y E W E D
N V O Z N Z N G N S E T L R
K D B L D J R N R R K P E G
```

Ephesians 4:3-6

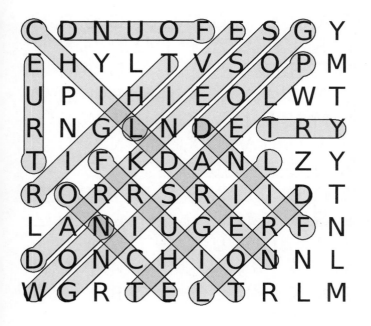

Ephesians 4:14-15

Ephesians 5:8-10

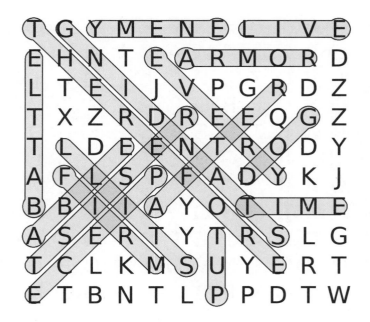

Ephesians 6:13

Philippians 2:14-16a

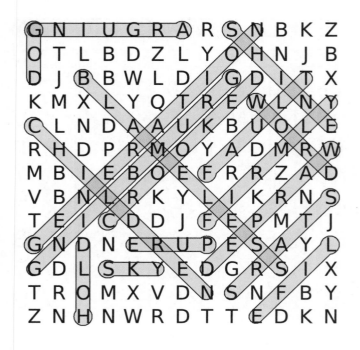

Philippians 3:13b-14

Philippians 3:20-21

Philippians 4:6-7

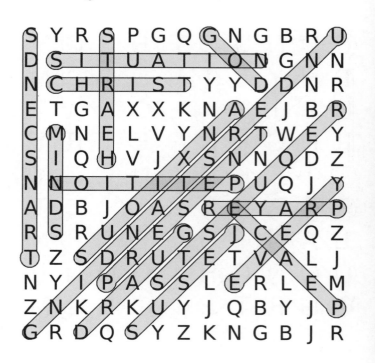

Philippians 4:8b-9

```
N Y N J B T P R A I S E B B Z
Q D D G V E N T Z X B V G B
N K L Y L L T E I Y P K K J
Y B T H B B G F L L P L N T
E C I T C A R P M L M U T D
H T Y R D R Y B T B E H R R
X O R O M I D L L N O C E E
B T N W X M R B E U G C X T
L M D O K D M R G V E R H E
Z O T P R A L H V I O G B E
G N N E N A T P V J I L U L
W N L A Y S B E L R J R G R
L D L B C Y L D L N L T X Z
L Y T E Y V M M E L B M P Z
```

Philippians 4:12-13

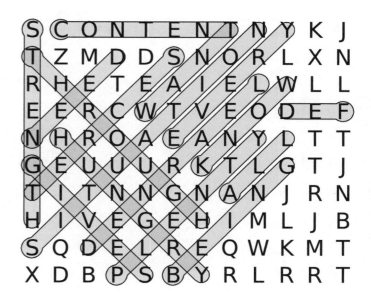

```
S C O N T E N T N Y K J
T Z M D D S N O R L X N
R H E T E A I E L W L L
E E R C W T V E O D E F
N H R O A E A N Y L T T
G E U U U R K T L G T J
T I T N N G N A N J R N
H I V E G E H I M L J B
S Q D E L R E Q W K M T
X D B P S B Y R L R R T
```

Colossians 1:6

```
E D M K B D D D R B B B X K
G V D O O T S R E D N U
C X E J Q N N T C L D V Z
B H P R E Y S E U A D J
E F A W Y R H F C R M N
A R S N I W R T A A Y E
R U S F G E H E U L R M
I I L E D I H E G R W G
N T D N V N N P R O T N
G M O B M I N G R E O N
Q W B R D Z L L L D K D
B M Z J N N D Y G Z T M
```

Colossians 1:13-14

```
F O R G A V E S N I S L X G
M R Q N V T F M O K D K X Y
M D B R O R D S E I J L M
Z L T U E X M R S N T V W X
G V R E D M E A G R M T L S
J V D Q M S H D A M Q Q S Z
Y O N L C C O N F X P E B J
M D T U R M S O P R N Z X L
M V E U J F B R T K O Y Z L
Q D P Z E M B D R N D M J D
L B P R J L G A K D I Y B D
G Z R R G G D B K Z E J D
W E Q Y D D Q J N Z R A Y D
D Z N X B T K R M R X V R B
```

Colossians 1:17-18

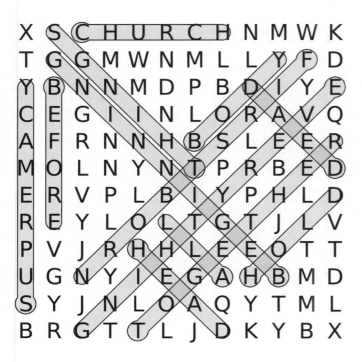

Colossians 2:6-7

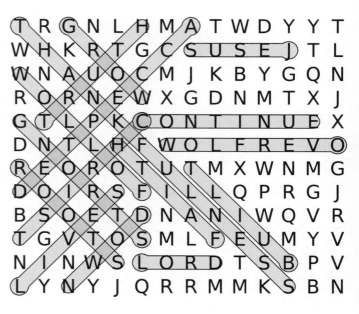

Colossians 3:16

2 Thessalonians 2:16-17

2 Timothy 1:6-7

```
N R T Z W M B X Q W T T
Z D E J W M G N T P L R
F K I M P N J Q B M K P
T L N S I H A N D S O D
I Y A Y C N T B B W O B
M G A M F I D K E G L T
I L I A E R P R Y V I Q
D B N F E D E L D R A K
Q Q D V T V W A I Q L G
N D O V Z J R P S N L W
R L N B P P S B V O E B
Y D J B Q B D X G T N T
```

2 Timothy 1:9

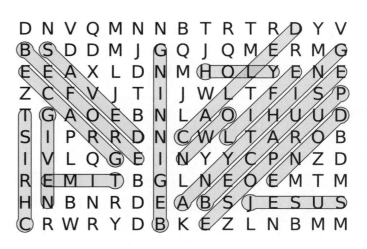

```
D N V Q M N N B T R T R D Y V
B S D D M J G Q J Q M E R M G
E E A X L D N M H O L Y E N E
Z C F V J T I J W L T F I S P
T G A O E B N L A O I H U U D
S I P R R D N C W L T A R O B
I V L Q G E I N Y Y C P N Z D
R E M I T B G L N E O E M T M
H N B N R D E A B S J E S U S
C R W R Y D B K E Z L N B M M
```

Hebrews 3:4.6

```
G C O U R A G E D L
T N E D I F N O C N
C X I T E C G R O E
E H L H H S E S R L
N R A R T D U I V N
O H I R L Y T O I Y
N S O I G N R A H P
T W U P E E M E E B
X B N K E E N E V T
J Q Y G R W K W Q E
```

Hebrews 4:15-16

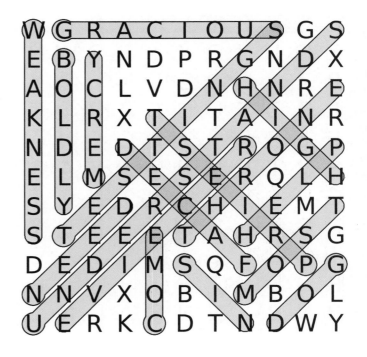

```
W G R A C I O U S G S
E B Y N D P R G N D X
A O C L V D N H N R E
K L R X T I T A I N R
N D E D T S T R O G P
E L M S E S E R Q L H
S Y E D R C H I E M T
S T E E E T A H R S G
D E D I M S Q F O P G
N N V X O B I M B O L
U E R K C D T N D W Y
```

Hebrews 6:19-20

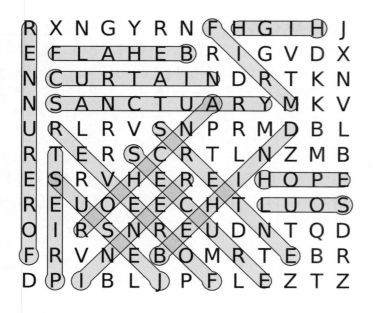

Hebrews 10:22-23

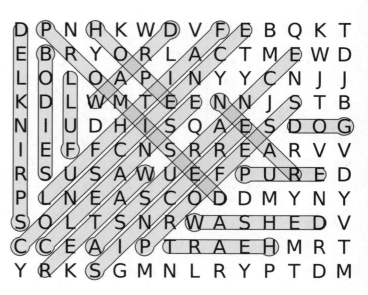

Hebrews 10:35-36

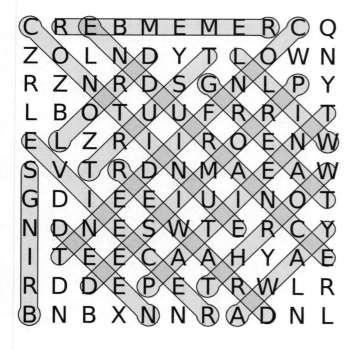

Hebrews 12:1b-2

```
S R E H T O F R U I T T
K J R Q S G O O D D V Z
E B B E M M Q N X J T W
D R E S U O E T H G I R
P D E J D L R T T S K W
S U N C O E S Z D T I D
D B R V N E E O B L E E
M L I E V I M D L L V P
P N E R M E S I T O E B
G R A I R D N N B A W Z
L H T C Y G E A C J T L
G L Y G N G P E X G T N
```

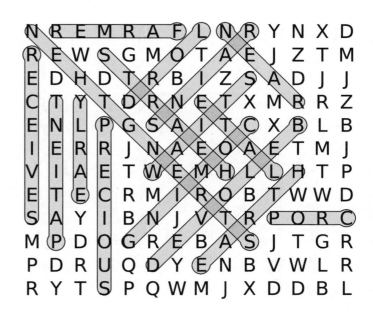

```
N R E M R A F L N R Y N X D
R E W S G M O T A E J Z T M
E D H D T R B I Z S A D J J
C T Y T O R N E T X M B R Z
E N L P G S A I T C X B L B
I E R A J N A E O A E T M J
V I E C T W E M H L L H T P
E T Y I R M I R O B T W W D
S A Y I B N J V T R P O R C
M P D O G R E B A S J T G R
P D R U Q D Y E N B V W L R
R Y T S P Q W M J X D D B L
```

```
T Z M W R L I O P S M G N V
N O I T C E R R U S E R J Z
P N I N H E R I T A N C E N
R P H X J G Y S G R E A T W
A P Z E N E I Y C R E M J M
I E E I A R S H T R I B N K
S R V P H V D U F A T H E R
E I R C O R E R S E D A F D
L S B D O H Z N D O G W Y Z
W H V L V P P B Q J Q R Y Y
```

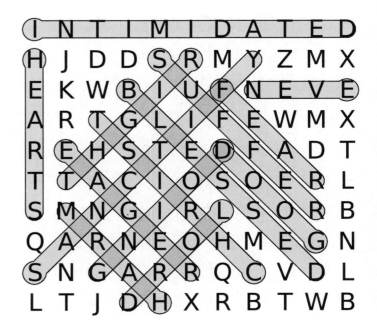

```
I N T I M I D A T E D
H J D D S R M Y Z M X
E K W B I U F N E V E
A R T G L I F E W M X
R E H S T E D F A D T
T T A C I O S O E R L
S M N G I R L S O R B
Q A R N E O H M E G N
S N G A R R Q C V D L
L T J D H X R B T W B
```

1 Peter 5:6-7

1 Peter 5:10-11

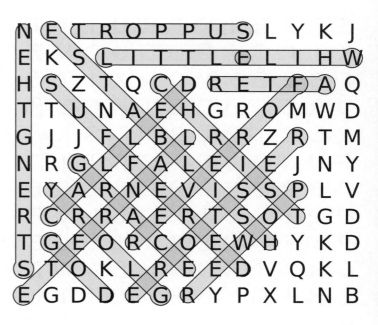

2 Peter 1:3-4

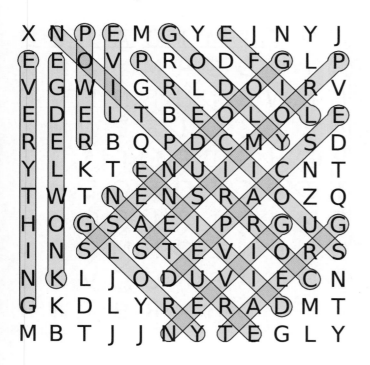

2 Peter 3:8b-9

1 John 3:1a, 2-3

```
T S I R H C K E T T P Q W V
N F T J Y P N R B G V K X R
B E A Q B Q O U T B D Q S Y
E M R T T M W P G O D R R M
B K J D H D D E L L A C E Z
G Z I Y L E E B J E D P G L
D R Y L M I R H P D O Y O V
V B E A N V H P S H N V M Y
Y M D A M R A C Y I E T T G
L E D R T L L J N F V L T P
N T Z T L Q D N D Y I A R Z
Z R N L L Q M R M T N R L T
Z T N G R Y T Q Z R M D U W
W L W P M V J B M Y V N R P
```

1 John 3:18-20

```
S N O I T C A W O N K G O D
N L X V Z J Y L J P M N X K
Q Z R J J M D Y W K V Z Y P
Y N Z Z W B Z M Q R R T R T
E V E R Y T H I N G L E R N
T T K W R B B J L Z S U M T
J G D O S D C T P E T E B B
G L H R T T M H N H D Y E I
J R C D R Z R C I N Z L Q T
K D E S V W E A O L O T S X
P W E A L N D C E N D E W B
R L P G T O R D G H R R Y W
P B S D M E V N R K Z R E J
X T G T N D R E L J N Q Z N
```

1 John 4:13-16a

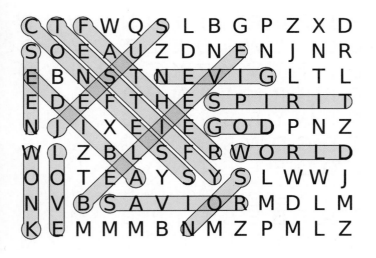

```
C T F W Q S L B G P Z X D
S O E A U Z D N E N J N R
E B N S T N E V I G L T L
E D E F T H E S P I R I T
N J I X E I E G O D P N Z
W L Z B L S F R W O R L D
O O T E A Y S Y S L W W J
N V B S A V I O R M D L M
K E M M M B N M Z P M L Z
```

1 John 5:14-15

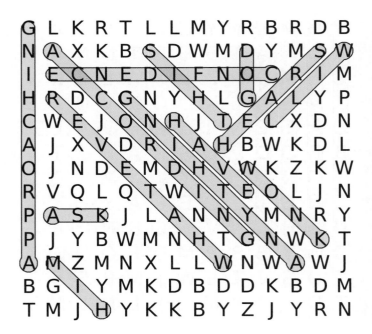

```
G L K R T L L M Y R B R D B
N A X K B S D W M D Y M S W
I E C N E D I F N O C R I M
H R D C G N Y H L G A L Y P
C W E J O N H J T E X D N L
A J X V D R I A H B W K D L
O J N D E M D H V M K Z K W
R V Q L Q T W I T E O L J N
P A S K J L A N N Y M N R Y
P J Y B W M N H T G N W K T
A M Z M N X L L W N W A W J
B G I Y M K D B D D K B D M
T M J H Y K K B Y Z J Y R N
```

Jude 20-21

```
Y N E L S M E R C Y V
Y V M F P L O V E D G
S D N E I R F D L R V
P B R D R L X I T O Q
S O L T I L U E T H K
Y U W C T B T H T N T
A L S E H E E I O I V
R O M E R R A F A L R
P R Q N J F I W A A Y
Z D A R V D A S E S Y
V L Y M Q L J D T D T
```

Revelation 1:17b-18

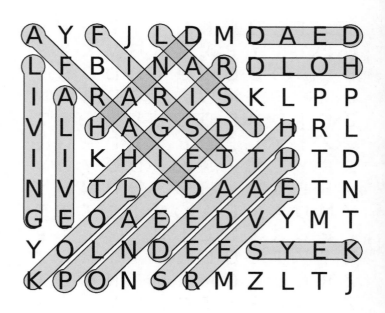

```
A Y F J L D M D A E D
L F B I N A R D L O H
I A R A R I S K L P P
L L H A G S D T H R L
I I K H I E T T H T D
N V T L C D A A E T N
G E O A E E D V Y M T
Y O L N D E E S Y E K
K P O N S R M Z L T J
```

Revelation 2:17b

```
V U M L V Y G X R V M K Q
I D N A T B G R T D N R D
C E M D N Z L X W L E N V
T V A S N E N D Q E V N Z B
O R R O D V E S R A E I T J
R G N D T I Y T X M N G D
I O N E I L O E C A Y E T X
O U E H H N V E C B N Q R G
U S W Y E B P M D E Q D W T
S T D G V T L W J M R E S T
T D J B P M J J L N L M Y
```

Revelation 3:5

```
S L E G N A T T B N D W N E
Q Q T L W R Q L L T C V C B
D K I T V Y Z K E L R N V M
Q R H R M I R N O R U D I B
N R W Y R B C T A O A N N T
T D G D W B H T N M E S J Y
K O O B L E T N O T E L E M
K Y P D D J A B W R G S Z X
F A T H E R E J I B I M Z T
D L R Y X F N M L V D O Z M
J N Y P O E D I V I T M U Y
D R P R V L K X V K F X Z S
J G E E A N P K Z J J E V Z
M B R Q V R N R N Q N N Y Q N Z
```

Revelation 3:11-12

```
G N C D D E J E N S M D
N J O I V O L L U Y D Z
I G E A T P W O C I T Y
M S E R M I I N E V E R
O L R E U R Z N X N L B
C E T A O S W E E L T J
S B T T L O A V N D M R
P O C I R L A L L S N B
D I O C R E I O E M A N
V Y N N H W H P T M N V
```

Revelation 21:1-2

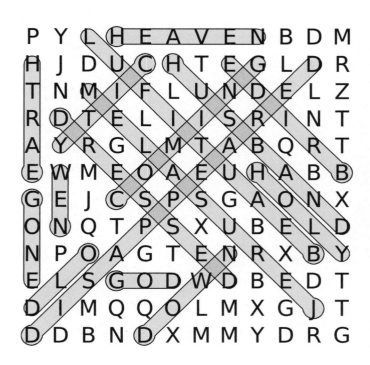

```
P Y L H E A V E N B D M
H J D U C H T E G L D R
T N M I F L U N D E L Z
R A D T E L I I S R I N T
A Y R G L M T A B Q R T
E W M E O A E U H A B B
G E J C S P S G A O N X
O N Q T P S X U B E L D
N P O A G T E N R X B Y
E L S G O D W D B E D T
D I M Q Q O L M X G J T
D D B N D X M M Y D R G
```

Revelation 22:3-5a

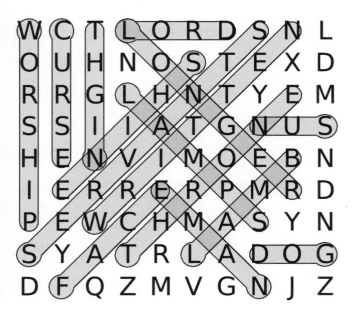

```
W C T L O R D S N L
O U H N O S T E X D
R R G L H N T Y E M
S S I I A T G N U S
H E N V I M O E B N
I I E R R E R P M R D
P E W C H M A S Y N
S Y A T R L A D O G
D F Q Z M V G N J Z
```

ALSO AVAILABLE

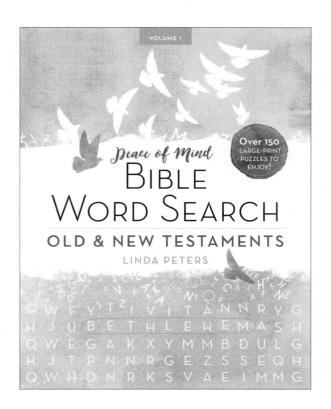

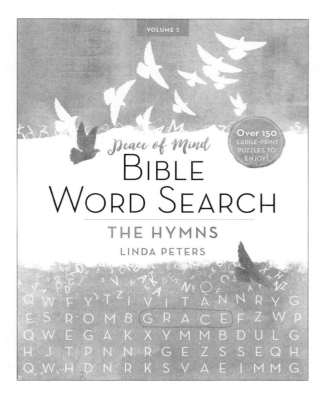

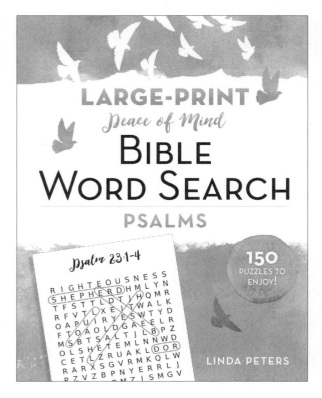

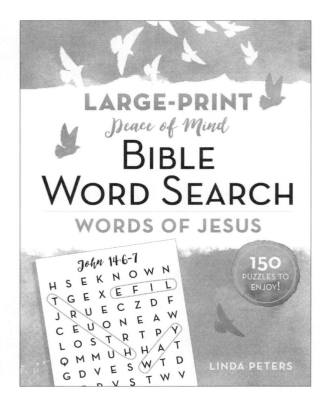